DIAMOND
流通選書

この指標がわからなければ幹部になってはいけません

渡辺林治 著
Rinji Watanabe

ダイヤモンド社

はじめに

いま、流通業界に歴史的な変化が起きています。

1つめは、**大手同士の経営統合と総合スーパーの大量閉店**です。その背景には、コーポレート・ガバナンス（企業統治）改革の動きがあります。上場企業はROE（株主視点での収益性）を重視せざるを得なくなり、経営そのものが変わってきているのです。ガバナンス改革はこれからが本番です。企業淘汰と再編は加速するでしょう。

2つめは、**為替の変動**です。ドルは2011年の75円から2015年に125円へと、過去40年で最大級の円安が進みました。調達費用の増加でメーカーによる値上げが相次ぎました。そのため、デフレを背景に成長した低価格業態は、戦略の見直しを迫られています。

3つめは、**アメリカの政策転換**です。2015年に政策金利が引き上げられました。2016年には原油の輸出が解禁されそうです。歴史を振りかえると、アメリカの政策は為替レートと原油価格を動かし、その影響を日本の流通は受けてきました。今回も同じでしょう。

2020年に向けて、経営環境の変化はさらに強まりそうです。どうすれば激動する環境変化を乗り越え、社長と幹部は持続的成長を実現できるのでしょうか。

図表1 「リンジー成長理論」の経営トライアングル

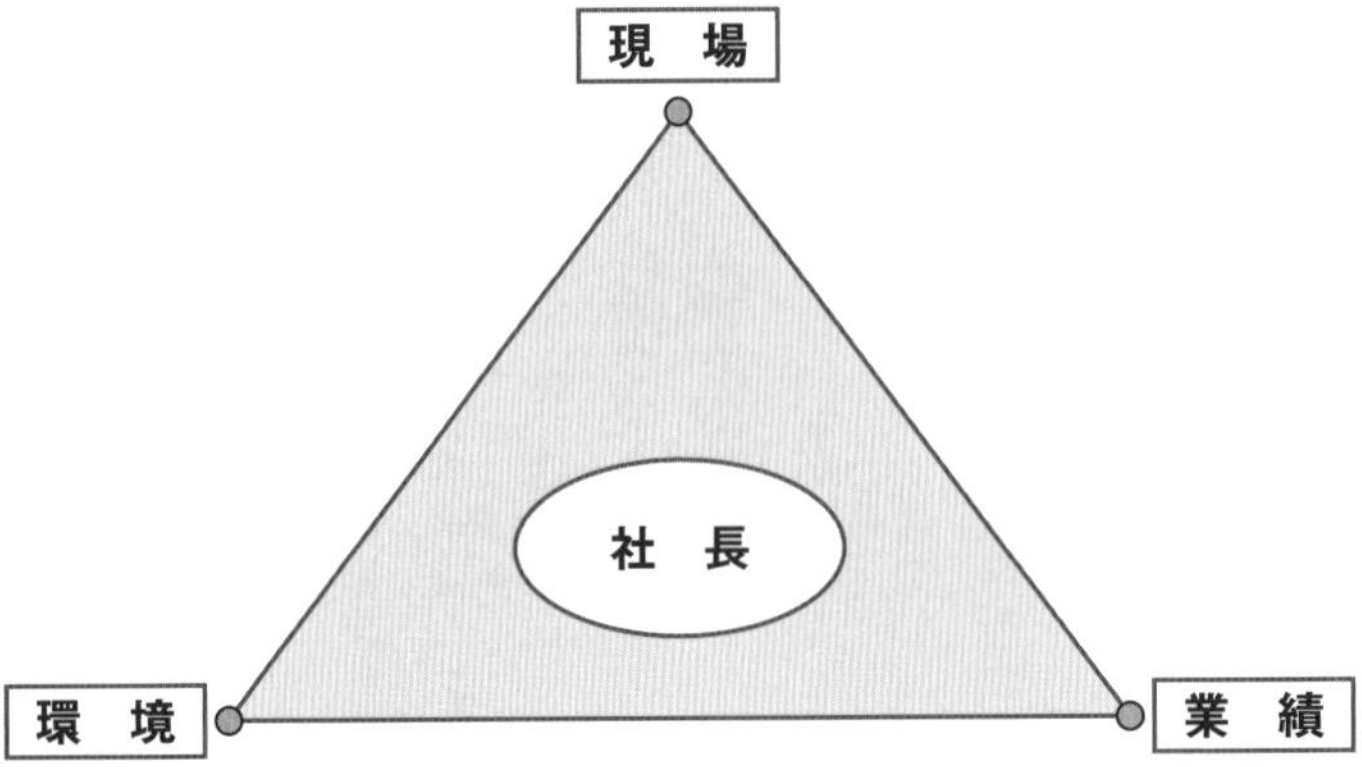

本書はそこで、筆者が開発し、国内外の企業で活用されている「**リンジー成長理論**」を提案します。成功ばかりではありませんが、いくつかの企業で業績改善が見られました。東京証券取引所から企業価値向上表彰の優秀賞に選ばれた企業もでています。

「リンジー成長理論」はまず、社長と幹部を中心に小売企業の経営を「**現場**」「**環境**」「**業績**」という3つの視点で捉えます（図表1）。

現場とは、店長や商品部長など幹部が工夫を凝らし、お客様が買い物をしている場所です。環境は、お客様の買い物行動に影響を与える所得の状況や競合などの要因です。そして業績は、どれだけ売れたか、どれだけ儲かったという社長の成績です。

次に、「リンジー成長理論」では、業務の

図表2 「リンジー成長理論」のPDCAサイクル

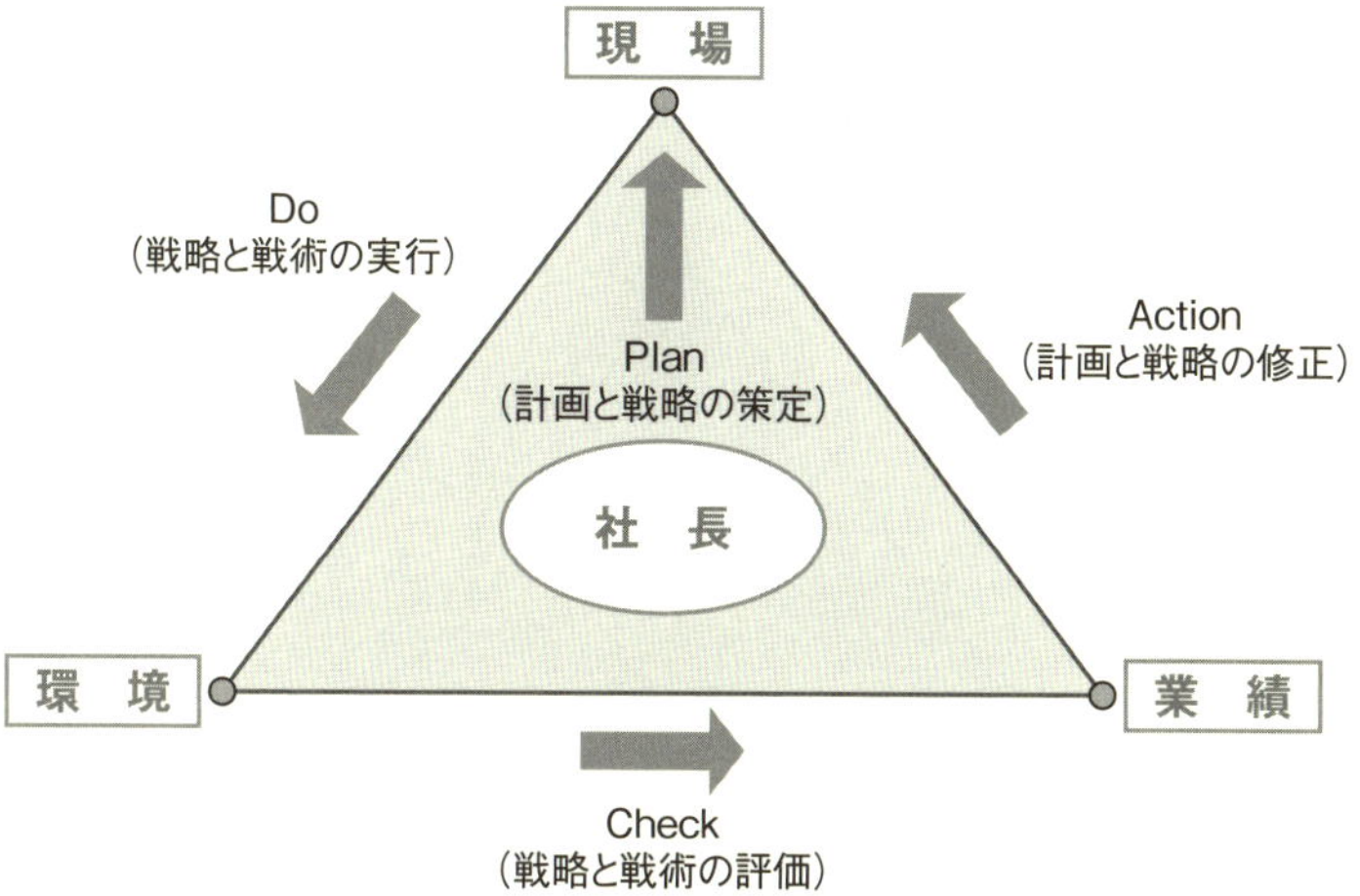

ＰＤＣＡサイクルを確認します（図表２）。

第１段階は、**計画と戦略の策定**（Plan）です。社長は企画の幹部と連携して、計画と戦略を練り、現場の幹部に方針を出します。

第２段階は、**戦略と戦術の実行**（Do）です。計画と戦略は現場の幹部に渡されます。幹部は現場において、商品開発や店舗運営など具体的な戦術に落とし込みます。

第３段階は、環境の影響を受けた**戦略と戦術の評価**（Check）です。社長が企画や財務の幹部と連携して評価します。

第４段階は**計画と戦略の修正**（Action）です。業績をもとに社長は幹部とディスカッションしながら、次のサイクルに向けて、環境認識や戦略を修正します。幹部も戦術を修正します。

図表3 「リンジー成長理論」の3つの指標

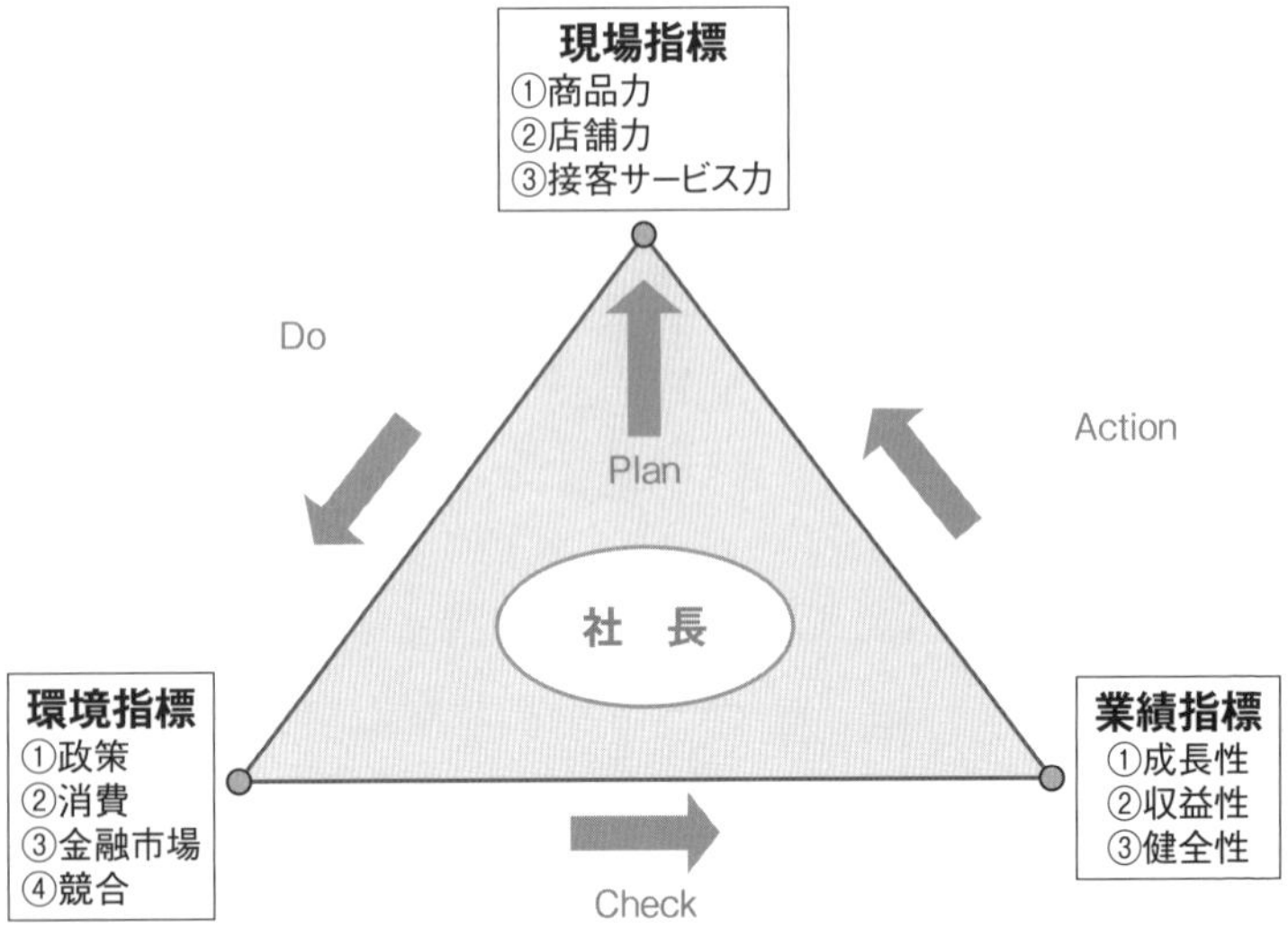

このPDCAサイクルを回すにあたり、指標を活用します（図表3）。客観的な指標によって、取り組みの透明性と、改善の継続性が確保されます。戦略と戦術の精度も改善しやすくなります。指標は3つあります。

1つ目は、現場の競争力を表す「**現場指標**」です。「商品力」「店舗力」「接客サービス力」の3つに分解できます。

2つ目は、環境変化をつかむ「**環境指標**」です。「政策」「消費」「金融市場」「競合」の4つを中心に経営環境を鷲掴みにし、変化をとらえます。

3つ目は、業績を評価する「**業績指標**」です。売上が伸びた「成長性」、儲かった「収益性」、そして現金を回収し

図表4　「リンジー成長理論」の全体像

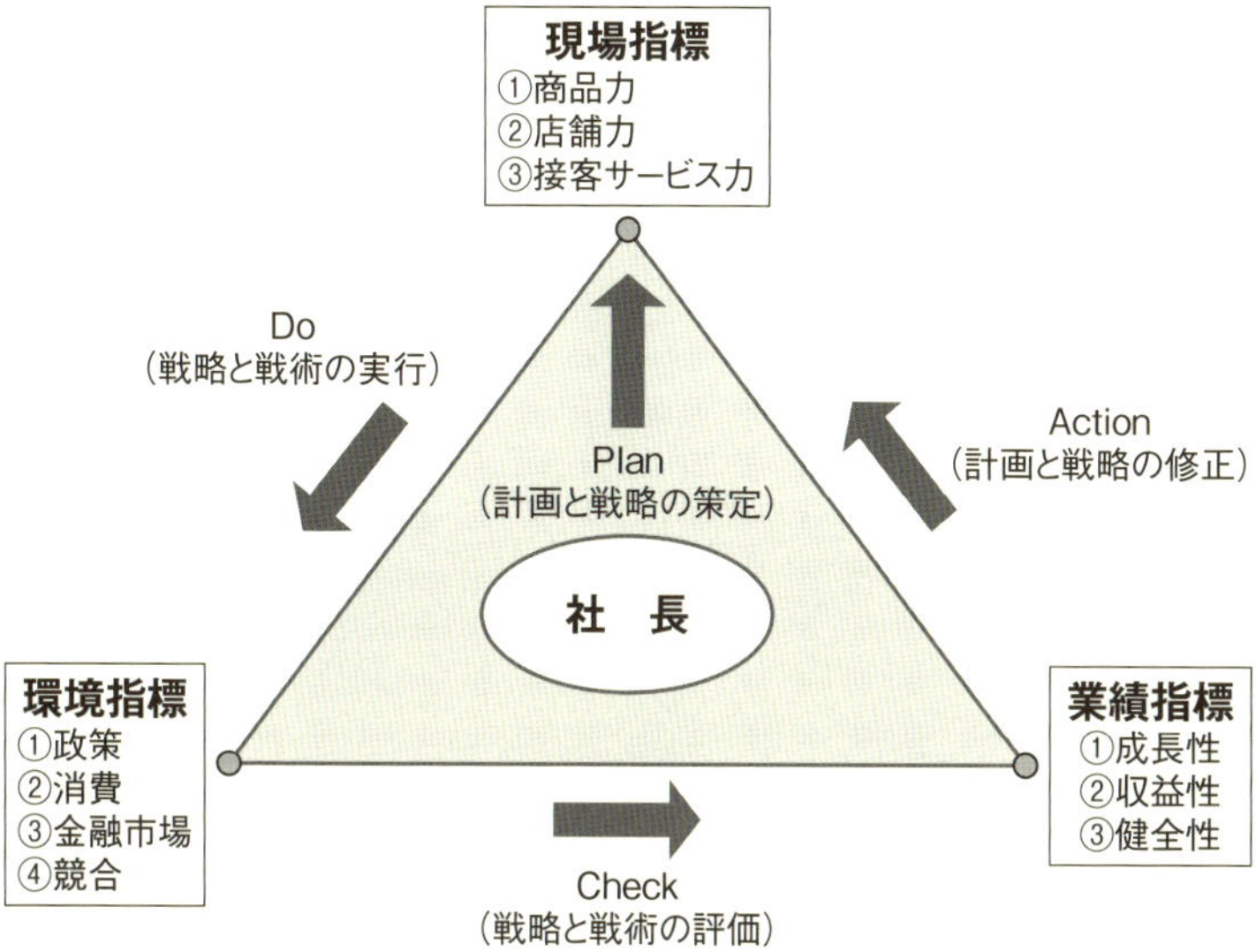

た「健全性」という、3つの視点で確認します。

まとめると、まず小売企業の経営を、現場、環境、業績の3視点で整理します。次が社長と幹部を中心とする業務フローです。計画と戦略の策定（Plan）、戦略と戦術の実行（Do）、戦略と戦術の評価（Check）、そして計画と戦略の修正（Action）です。このPDCAサイクルを丁寧に回すために、指標を活用します。指標は、現場・環境・業績にそれぞれあります（図表4）。

幹部がこれらの指標を使いこなせるようになれば、社長の方針は徹底して浸透するでしょう。会社を良くするヒントも得られるでしょう。

本書の対象は、小売企業の幹部の方たちです。幹部を目指す店長候補、企画や財務、原料調達、店舗開発、海外事業の方も含まれます。小売企業の取引先である消費財メーカー、商業施設、卸、消費者金融などの関係者にもお薦めです。

本書の構成は次のようになっています。

第1章では、小売企業約100社の2014年度業績を分析し、経営課題とその背景にある環境変化への認識不足を指摘します。

第2章では、指標を使って現場の競争力を高める方法を説明します。

第3章では、環境変化をつかむための指標を説明します。その上でアメリカの政策が為替レートや消費に与える影響を解説します。

第4章では、社長の成績である業績が分かる指標を説明します。

第5章では、コーポレート・ガバナンス改革とビッグデータなど、新たな環境変化の内容を解説し、対応策も提案します。

第6章では、指標を理解するための基礎知識を易しく解説します。

2020年に向けて小売企業には、歴史的な環境変化が続くでしょう。しかし、対応策を準備すれば良いのです。環境が大きく変化するとき、変化への備えをいち早く整えた企業が飛躍することは歴史が証明しています。

社長と幹部が中心になって、客観的な指標を使い、現場の競争力を高めることが持続的成長につながるのです。

小売企業とリテール・ビジネス関連企業の持続的成長を心から願ってやみません。

リンジーアドバイス株式会社　代表取締役社長

渡辺林治

第3章

「環境指標」でタイムリーに変化をつかもう

第4章

「業績指標」で戦略の成果を確認しよう

第5章

2020年に向けて、成長を実現しよう

第6章
「指標」を理解するために基礎知識を学ぼう

第1章

業績から小売企業の課題と理由が見えてくる

1-1

最近の業績から見えてくる特徴は？

▼▼セクターと企業ごとに広がる格差

２０１４年度の小売業約１００社の業績を見ると、全体では売上（営業総収入）が前年度比４％の増加となりましたが、営業利益は逆に６％減少しました（図表５）。

理由としては、消費税増税の影響で消費が低迷したこと、電気代など光熱費の値上がり、収益性を軽視した過剰出店、円安による原材料のコストアップ、さらにこれまでのデフレに慣れすぎた商品政策のミスなどがあげられます。

セクター別や企業による格差も注目されます（図表６）。好調なのは百貨店と食品スーパーです。ドラッグストアやアパレルは総じて業績が低調でした。コングロマリット（大手流通グループ）は上位以外、コンビニエンスストアでも上位以外は総じて芳しくありません。

百貨店の好調は、株高の資産効果による富裕層の高額消費に加え、円安およびビザ発給緩和を受けた中国人を中心とするインバウンド効果が要因です。ただ、三越伊勢丹の店舗別売上にはばらつきがあります。新宿店や銀座店といった競争力があり来店客数が増えているところは好調ですが、千葉など地方は不調です。

図表5　小売業の主要財務指標の推移

（百万円）

小売全体		2010 年度	2011 年度	2012 年度	2013 年度	2014 年度
規模	営業総収入	30,318,834	30,067,672	31,019,529	33,982,702	**35,326,174**
	営業利益	1,297,167	1,432,667	1,370,527	1,463,783	1,376,384
前年比	営業総収入（%）	2.0	−0.8	3.2	9.6	**4.0**
	営業利益（%）	23.6	10.4	−4.3	6.8	**−6.0**
成長性	5年平均売上成長率（%）	2.4	2.9	2.0	6.0	2.8
	設備投資	867,692	977,017	1,157,532	1,390,741	1,530,544
	設備投資伸び率（%）	−17.1	12.6	**18.5**	**20.1**	10.1
収益性	総資産営業利益率 ROA（%）	**6.7**	**7.4**	**6.5**	**6.4**	**5.6**
	売上高営業利益率（%）	4.28	4.76	4.42	4.31	3.90
	総資産回転率（%）	1.70	1.72	1.68	1.71	1.67
	自己資本利益率 ROE（%）	5.38	6.98	6.82	6.03	6.25
健全性	自己資本比率（%）	46.2	47.7	48.2	47.9	47.2
	有利子負債	4,932,524	4,924,773	5,576,606	5,872,542	6,445,101
	CCC 現金循環化日数（日）	**11.6**	**13.9**	**21.4**	**24.0**	**27.8**

出所：ブルームバーグデータより作成

図表6　2014年度小売業の業績ポイント

（円）

	営業収益（前年比%）	営業利益（前年比%）	コメント
小売全体（100社）	35.3兆（4）	1.4兆（−6）	・セブンとイオンの事業拡大で全体の営業収益は4%増加したが、家電、ホームセンター、百貨店は縮小 ・営業増益は百貨店とスーパー、他は消費税影響で減益
食品スーパー（17社）	3.2兆（6）	755億（3）	・フォローの風。青果・肉類が高騰し単価上昇 ・勢いある企業と閉塞感ある企業に二極化 ・企業統合進みそう、冷静に進めないと発展困難
コングロマリット（4社）	15.0兆（10）	5,262億（−5）	・事業拡大の柱はコンビニ出店とM&A ・資産悪化が進んでおり、2期連続の当期減益
ドラッグストア（11社）	3.3兆（5%）	1,462億（−4）	・足元はインバウンド効果と安価な市販薬への注目などで追い風 ・4～5年前と比べると成長率はスローダウン
百貨店（6社）	4.1兆（−1）	1,500億（2）	・収益安定 ・理由：①株高資産効果の恩恵、②インバウンド海外客 ・経営の質にばらつき、この5年が勝負
コンビニ・中食（8社）	1.5兆（4）	1,203億（−3）	・減益と赤字が増える ・理由：①過剰出店の影響、②消費回復の遅れと青果高騰で一部の客が離れる ・商品強化への投資と、FC 対策で、この3年が勝負
家具・HC（11社）	2.1兆（0）	1.314億（−5）	・3年連続の営業減益 ・企業統合進みそう、冷静に進めないと発展困難

一方で、食品スーパーが好調だったのは、生鮮食品の価格が上昇したからです。食品スーパーは売上の7～8割が青果、精肉、鮮魚等です。これら生鮮食品が8～10％、日配品や加工食品など全体で5～6％、前年度比で価格が上昇しました。このため、既存店での売上が伸びやすかったのです。

しかし、食品スーパー全体の設備投資が2011年から2014年にかけて年平均20％も伸びた一方、儲けを表わす売上高営業利益率は低下しています。横並びで投資に走り、消耗戦になっている証拠でしょう。経営体力に劣る下位の食品スーパーは今後、不採算店舗の閉鎖、地場スーパーとしての原点回帰が急務です。競争力を回復できなければ倒産の危機に直面するケースも出てくるでしょう。

小売業の特徴のひとつは、横並び体質が強いことです。商品にしろ店舗にしろ、うまくいっている先行他社を真似るケースが多いです。市場規模が拡大しているときは、それでも多くの企業が成長できました。

しかし、これからは違います。すでに人口は減少し、市場が縮小しています。同じ業態でも上位と下位の差がどんどん広がっています。コンビニエンスストアで伸びているのは上位3社のみで、下位はすでに赤字に転落しています。今後、各業態で、あるいは業態をまたいで、救済型や合併型のM＆Aが増えていくことは間違いありません。

1-2

食品スーパー業界の現状と課題は何か？

▼▼一時的な追い風に甘んじることなく、次の成長への投資を

食品スーパー業界は好業績が目立ちます。しかし理由を見てみると、スーパー各社の取り組み成果には敬意を表しますが、環境要因による部分もありそうです。例えば、円安で加工食品と鮮魚の価格が上昇しました。オーストラリアで生体牛価格が上昇した関係もあり、精肉が値上がりしました。加えて天候不順で青果も高値が続き、客単価が上昇したのです。

消費者の節約志向も追い風でした。所得がなかなか増えない中、物価が上昇したので、消費者は少しでも生活コストを下げようと、スーパーに向かったと思われます。マルエツでは干物をひとくくりにして数量を増やしたところ、まとめ買いする消費者に受け、売れ行き好調だったそうです。

しかし、こうした外部環境の追い風に安心している暇はありません。イオンは総合スーパーが消費者からより支持を得られるように大規模改装を進めると報道されました。コンビニエンスストアは総菜やデザートの商品開発力が素晴らしく、高齢化社会で小商圏化が進めば、魅力はより高まるでしょう。ユニーグループとファミリーマートという大手同士の統合

の後は、食品スーパーの経営統合が本格化する気配を感じます。

食品スーパーの課題は、低い収益性です。上場11社の平均的な売上高営業利益率は2014年2・2%です。この水準はセクターで見ると、家電量販店の1・5%に次いで下から2番目です。経営全体の収益性を表す営業利益ベースの総資産利益率（ROA）は、図表7のように、震災特需があった頃の7・3%をピークに毎年低下し、昨年は5・7%まで落ち込みました。しかもこれは、収益性の高いヤオコー、ベルク、バロー、アクシアル リテイリング、そしてアークスといった上場優良企業11社の平均です。売上高が数百億円規模のスーパーでは、資金繰りは回っているものの、儲かっていない企業が多い可能性が考えられます。

日本小売業協会会長でライフコーポレーション会長でもある清水信次氏は、アークス社長横山清氏とのある対談の中で概ね次のように述べられています。

「変化の大きさが今までと比べものにならない。年商5000億円プラスの規模がないと商品と人という経営資源に必要なおカネの問題が安定しない。生き残るのは相当に大変だ」

そう考えてみると、環境に追い風が吹き、表面的に業績が良さそうな間に、後継者と相続問題に悩んでいる企業が、5000億円を目指せそうなグループに業務資本提携や子会社化を申し出てきそうです。逆に大手による提携申し出も増えると思われます。

図表7 食品スーパー主要11社の業績推移

成長性（売上高・営業収益伸び率：%）

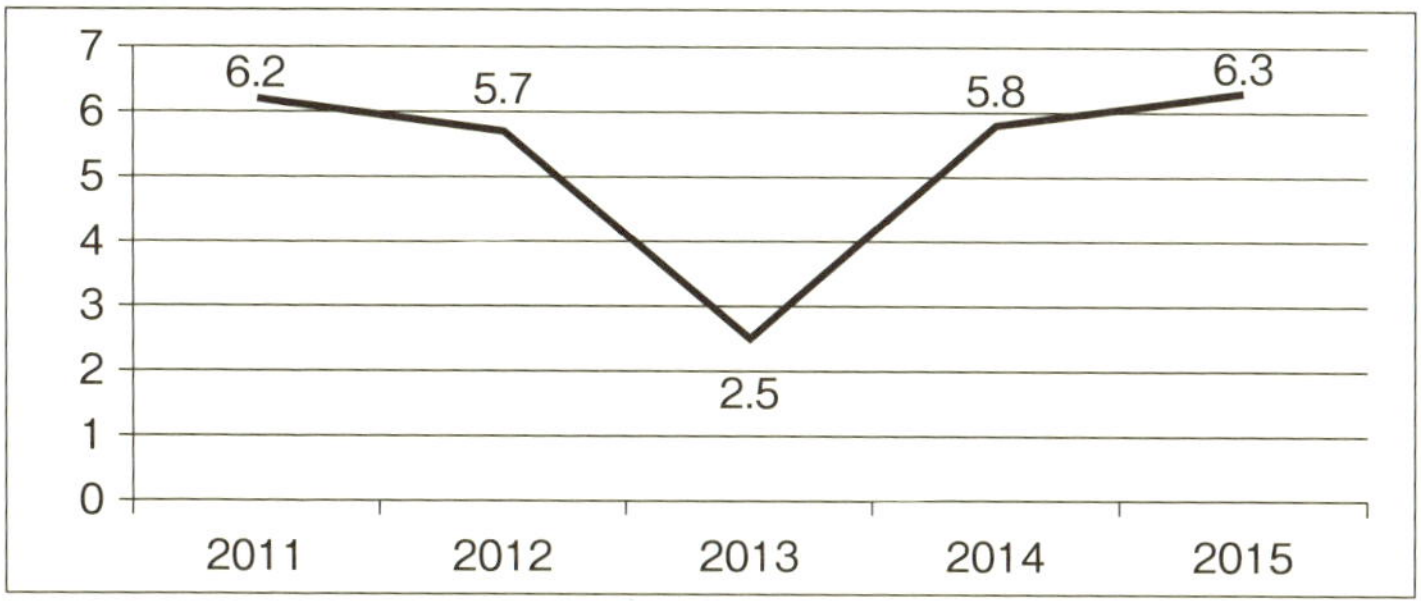

収益性（営業利益ROA：%）

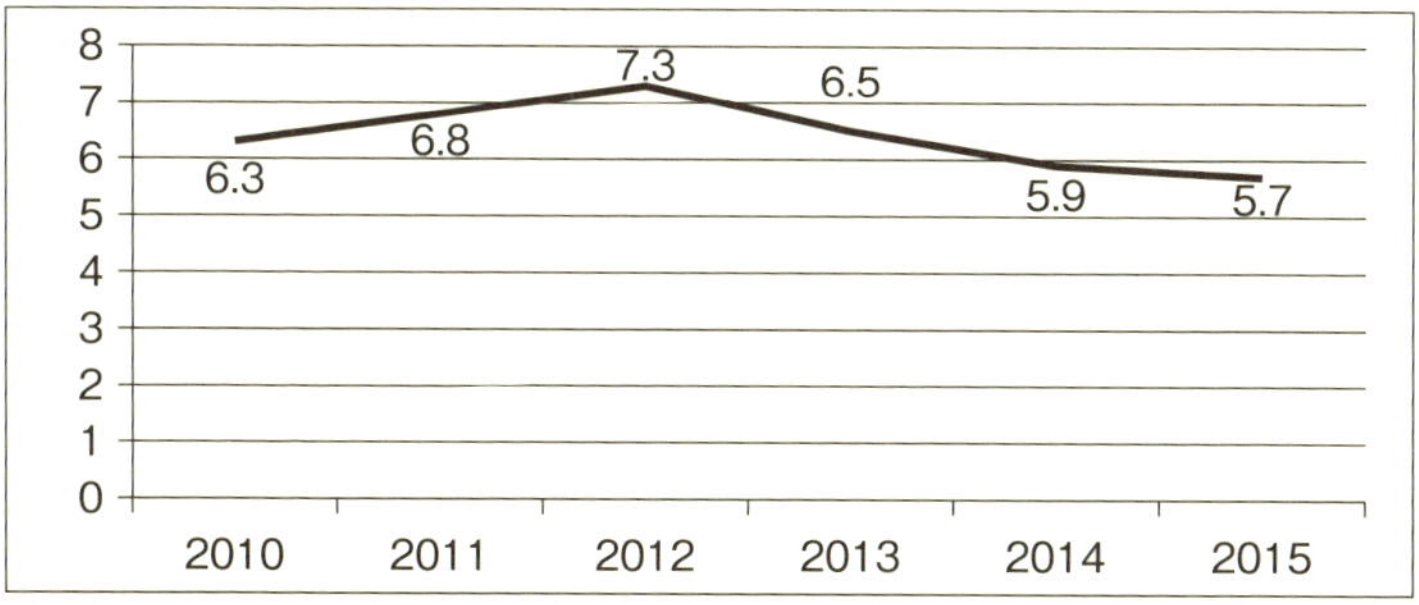

健全性（自己資本比率：%）

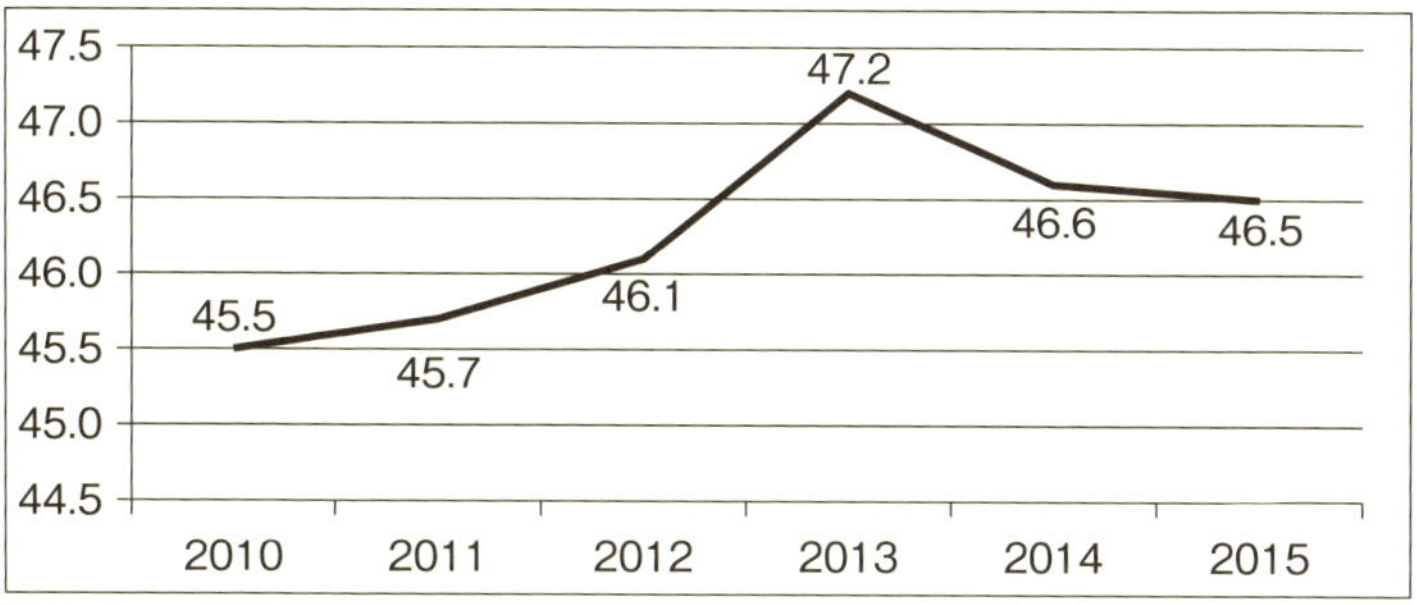

出所：ブルームバーグデータより作成

しかし、資本提携を希望する全ての会社が本懐を遂げるのは難しいでしょう。理由は上場企業は政府のコーポレート・ガバナンス改革によって、ROE（自己資本利益率）の改善が求められているからです。収益性の低い会社をグループ入りさせれば、経営者は株主総会で責任を追及されます。なお、ROEについては4-4（92p）で詳しく説明します。

非上場スーパーマーケットのオーナー経営者にしてみれば、新聞で報道されているコーポレート・ガバナンスやROEという言葉は、自分に関係ないように思えるかもしれません。しかし、違います。清水氏が指摘されるように、木の葉が落ちる音からその意味を考え、世の中の匂いを感じ、危険に気がついて対応できなければ、企業は滅び自分の身も滅びるのです。

社会の変化は、そのスピードと規模において今までと比べものになりません。清水氏は1926年のお生まれです。日本小売業協会の会長で、日本の流通業の発展を見守ってきた清水氏が「今までと比べものにならない」とおっしゃっているのです。日本の流通が発展してきた現代史の中でも、それだけ特筆すべき変化期にいま差し掛かっているのです。

上場企業、非上場企業ともに、今の社会で進んでいる環境変化をもっと厳しくとらえるべきだと思われます。

もちろん、高い収益性を誇る食品スーパーは多くの示唆を与えてくれます。埼玉のヤオコーと、新潟を中心としたアクシアル リテイリングは、外部環境の追い風に甘んじることなく、生み出した収益を次の成長に投資しています。今後も注目を集めそうです。

食品スーパーは国民生活を支えるライフラインとしても大切な役割を担っています。しかし、今後生き残れるかどうかは、収益性がひとつのポイントです。仮に、2015年から始まったアメリカの利上げを受け、日本でも金利が上昇し、人手不足から人件費が高騰し、原油高から光熱費と運送費の負担が増すと、低収益では黒字を維持するのが難しくなります。

収益性は現場の生産性の裏返しです。生産性を高めるにはどうしたら良いのでしょうか。その方策については、第2章の現場の競争力で説明します。

1-3 ドラッグストア業界の現状と課題は何か？

▼▼かつての高収益も頭打ち、新たな局面へ

ドラッグストア業界はいま、インバウンド需要の追い風をフルに受け、2015年度は好決算が続出しそうです。しかし、インバウンド需要がこのまま続くのかどうかは疑問だと思います。特に中国の先行きを考えると、資金流出の動きが始まっており、2017～2018年頃に大きな混乱が発生する可能性もあります。

インバウンド需要を除いた業界の基調としては、主要11社の2014年度の決算が参考になります。売上高は全体で3・3兆円となり、前年度比では5・3％の伸びでした。しかし、2010年度は11・6％の伸びでした。2桁成長から1桁台半ばまでスローダウンしたことになります（図表8）。

企業評価における基本視点は「成長性」「収益性」「健全性」の3つです。これは業界分析においても共通です。ドラッグストア業界における売上のスローダウンは、業界としての「成長性」に陰りが見えてきたということに他なりません。

すなわち、医薬分業の推進やジェネリックの促進という政策面の追い風はあるものの、新

図表8　ドラッグストア主要11社の業績推移

成長性（売上高・営業収益伸び率：%）

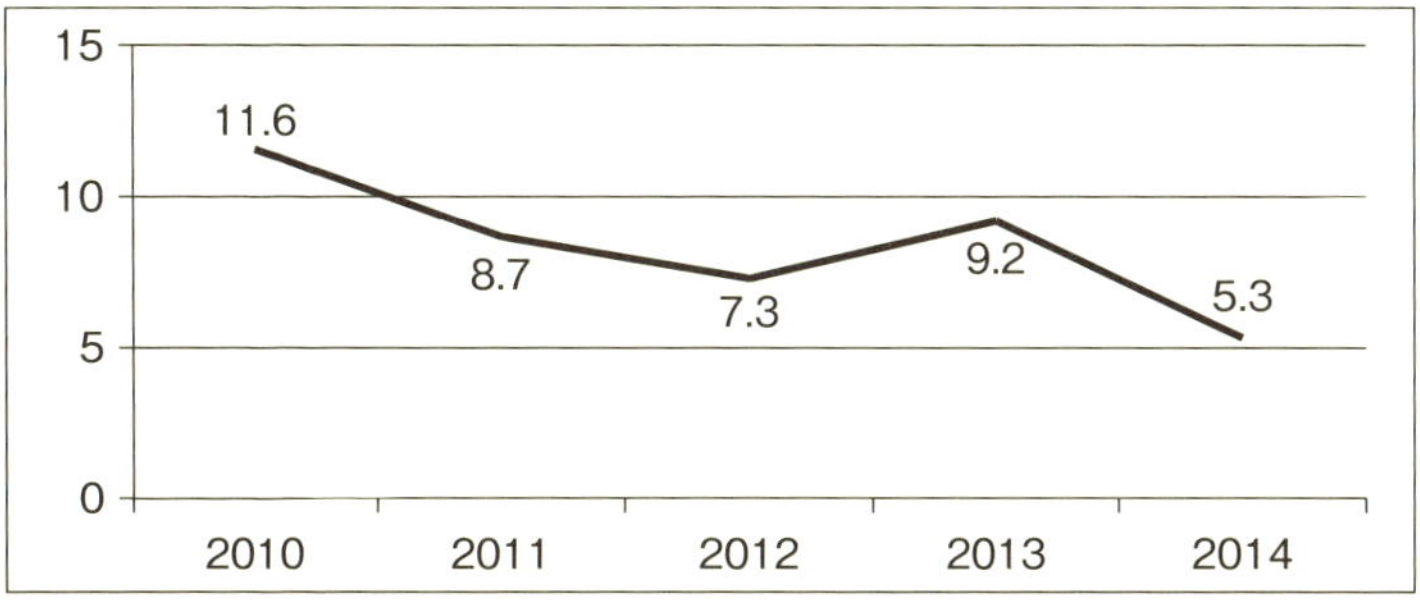

収益性（営業利益ROA：%）

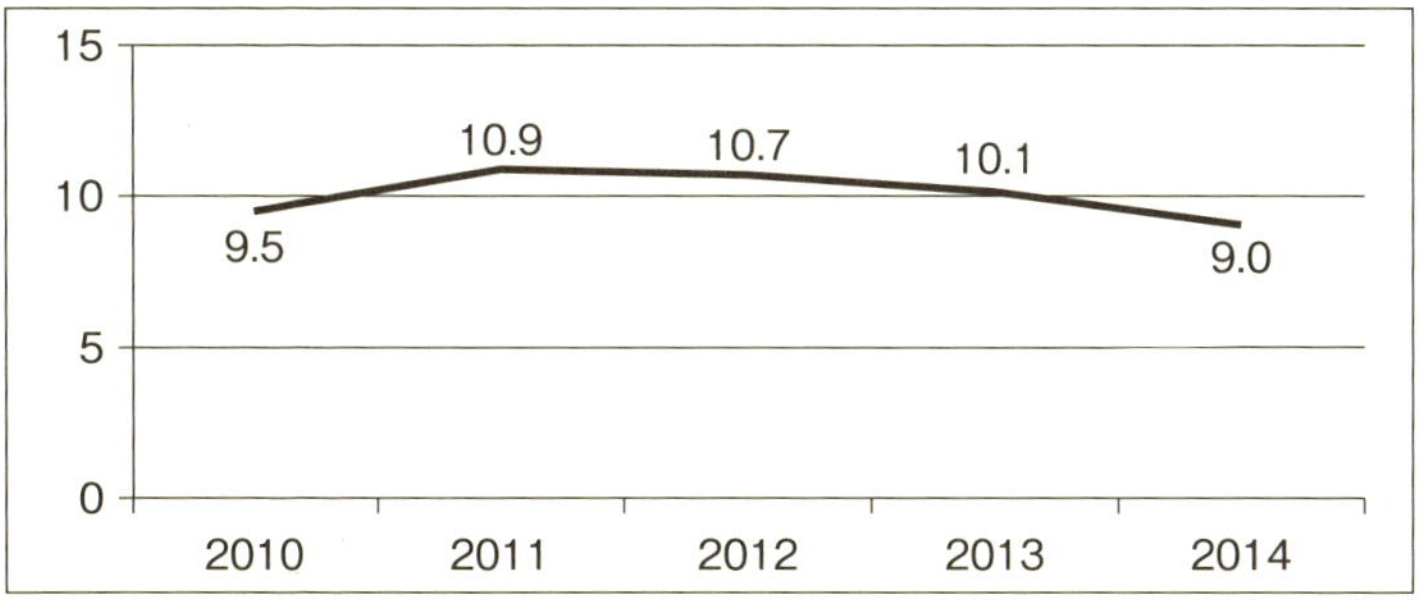

健全性（自己資本比率：%）

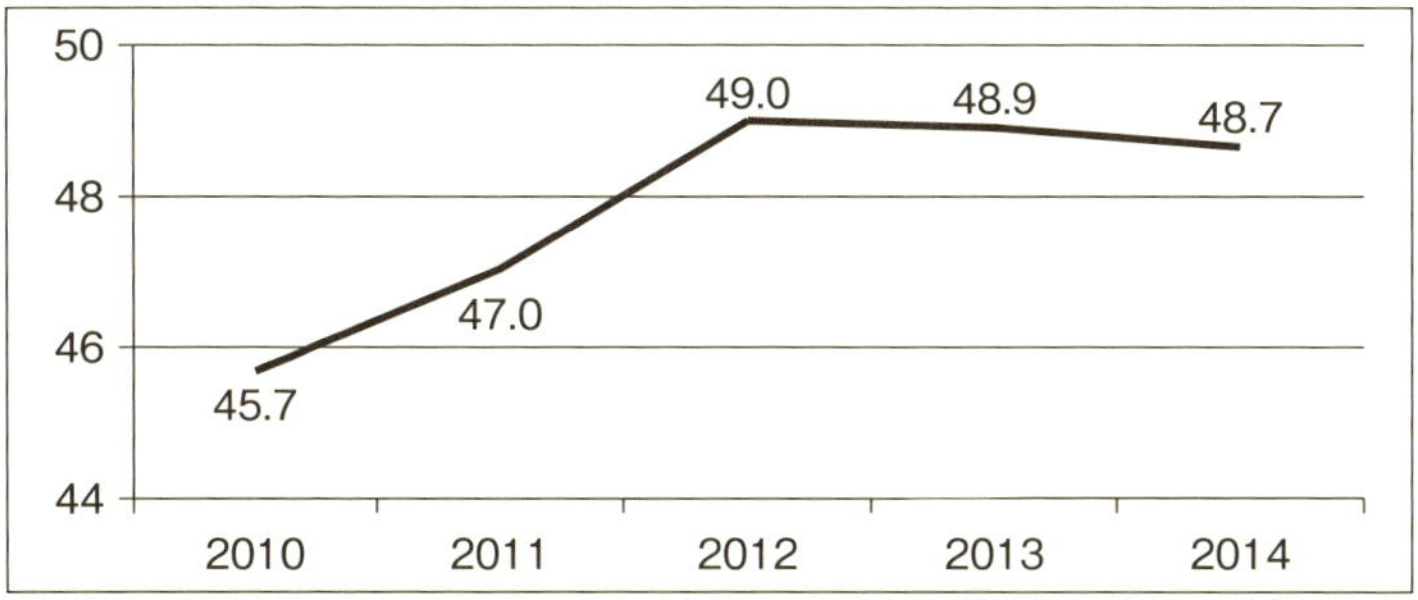

出所：ブルームバーグデータより作成

規出店や企業買収だけでは、売上と利益がどんどん伸びるという時代は終わりました。今後は、ドラッグストア同士だけでなく、インターネット通販との競合が本格化するかもしれません。従来の枠組みを超えた、厳しい競争の時代が到来しそうです。

「収益性」についても、営業利益ベースのROA（総資産利益率）を見ると、2011年度の10・9％をピークに徐々に低下し、2014年度は9・0％に下がっています。ROS（売上高営業利益率）についても2011年度の4・8％をピークに2014年度は4・2％まで下がっています。

収益性が低下している理由は、各社の店舗競争力が低下しているからにほかなりません。具体的には、4〜5年前までのデフレ環境で広がったフォーマットの見直しができていないのです。当時は人手が余り、物価は安く、競争も今ほど厳しくなかったと思われます。

今後、業界全体で店舗の見直しは不可避でしょう。移転、閉鎖、人員削減などに取り組む必要があり、この2〜3年でそうした対応ができない企業は苦戦すると思われます。

「成長性」「収益性」に比べると、ドラッグストア業界の「健全性」についてはあまり変化が見られません。自己資本比率は、2010年度45・7％、2012年度49・0％、2014年度48・7％と高い水準を保ったままです。

基本的に自己資本比率が高いのは悪いことではありません。しかし、手元に資金をため込んだまま、既存店の改修、省力化のための什器設備の充実、物流センターの整備など必要な投資を行っていなかったと思われます。

ドラッグストアはもともと、小売業の中で収益性が高く、そのため利益剰余金がたまり、自己資本比率が高くなりやすいのです。その分、未来への投資を行う必要があるのではないでしょうか。

90年代に大きく伸びたドラッグストア企業は、株式公開で資金を調達し、PB（プライベートブランド）の展開や積極出店、M&Aに投資し、成長を実現しました。しかし、規模の拡大にオペレーションが追い付かず、次第に商品力、店舗力、接客サービス力が低下し、業績が一時、低迷しました。その隙をついて、新しい企業が次々に台頭してきたという歴史があります。ドラッグストア業界は今また、新たな局面を迎えているといえるのかもしれません。

1-4 百貨店業界の現状と課題は何か？

▼▼長期的な維持発展を遂げてきたが、各社の強みと課題は様々

２０１４年度における百貨店業界の業績は、各社とも比較的収益が安定していました。理由は、株高に伴う資産効果とインバウンドです。

しかし、課題も明らかになりました。

第1に、経営の質にばらつきが広がっています（図表9）。収益性を表す総資産営業利益率（ＲＯＡ）は、丸栄の0・9％からパルコの5・1％まで事業構造の違いから5倍の差があります。成長性を表す過去3年平均の売上・営業収益成長率は、企業買収に積極的だったエイチ・ツー・オー リテイリングが7・5％で高いものの、多くが減少傾向にあります。健全性を表す自己資本比率は、40％台以上と安定性が見られるグループと、10％台以下と低いグループとに分かれます。下位企業はこの5年が勝負です。

第2に、地方店舗の不振が深刻です。株高でも地方消費が回復しなかったからです。株高と同時に起きた円安により、食品の値段が1年で8％も上昇したのに、買い物に回せる給料は増えませんでした。百貨店も収益性の改善が求められています。次の景気後退局面に備

図表9 百貨店各社の業績

（単位：%、▲はマイナス。2014 年度までの3年平均）

社　名	収益性 営業利益ROA	成長性 売上・営業収益成長率	健全性 自己資本比率
J. フロント リテイリング	3.5	6.7	41.9
三越伊勢丹ホールディングス	2.3	2.7	40.5
髙島屋	3.1	1.1	40.4
松屋	2.5	▲1.0	32.6
エイチ・ツー・オー リテイリング	3.6	7.5	50.2
近鉄百貨店	2.3	▲2.1	19.1
丸栄	0.9	▲8.6	43.4
大和	1.2	▲5.4	13.4
パルコ	5.1	▲0.0	46.7
丸井グループ	3.7	0.8	47.8
さいか屋	2.9	▲6.7	12.9
山陽百貨店	2.4	▲1.2	8.7
井筒屋	4.2	▲1.2	14.9
ながの東急百貨店	1.9	▲0.6	41.2
平均	2.8	▲0.6	32.4

出所：ブルームバーグデータより作成。株式コード順

え、早目の地方店対策が必要となりそうです。

第3に、ミドルマネジメントの教育が遅れています。百貨店ビジネスの特長は、経営者や富裕層を優良顧客として抱えている点にあります。しかし、今回の株高のチャンスを百貨店は十分に活用できていたでしょうか。優良顧客向けに新しいサービスを創造できたでしょうか。値引きがサービスではありません。これから求められるのは、優良顧客の分析に基づいたサービス創造です。それには、経営者

図表10 日経平均株価の長期推移

出所：ブルームバーグデータより作成

や資産家と会話できる知識とスキルが必要です。経営と経済の基礎知識など、ミドル層の教育が一層求められます。

ところで、中長期的に見ると、不動産バブル崩壊後、初めて日経平均株価が息の長い上昇局面に入った可能性が出てきています。2016年はいったん弱含むでしょうが、早晩上昇に向かいます。長期株高は百貨店に追い風です。だからこそ、従業員を再教育し、活躍してもらう準備が必要になります。経営戦略とはコストを削減することではありません。コスト削減による収益性の改善は、効果も一時的で販売力の低下につながります。

大切なことは、百貨店の特長と伝統を忘れないことです。小売業における百貨店業界の特長は、超長期での維持発展そのものにあります。例えば、三越は三越呉服店として１９０４年に設立され、三越伊勢丹グループとして百年以上の歴史を有しています。歴史という点では、松坂屋が１６１１年に、髙島屋が１８３１年にそれぞれ創業し、繁栄してきました。

過去百年において百貨店業界は、世界的な経済恐慌、何度かの大戦争、不動産バブル崩壊、そして消費不況など、経営環境の悪化にも見舞われています。こうした事業リスクと向き合いながら、百貨店業界は長期的な維持発展を遂げてきました。いまこそこうした百貨店業界の伝統に回帰すべきときです。

1-5 GMS業界の現状と課題は何か？

▼▼際立つイズミの業績安定性にヒント

大手GMS（総合スーパー）であるイズミ、イトーヨーカ堂、イオンリテール（以下イオン）、ダイエー4社の2014年度上期の業績を比較すると、営業収益が拡大したのはイズミだけです。イズミが前年同期比4％の増収を実現できた理由は、この1年で総店舗数の1割強（11店舗）と大手の中では最高水準の新規出店を実現したからです。店舗年齢が10年以下の若い店舗が約4割を占め環境変化に適合しやすい事情もあります。そして、既存店売上高も前年同期比1・9％増と好調でした。

一方、業容拡大を目指したイオンは営業収益が横ばいに留まりました。イトーヨーカ堂は既存店売上高が弱く、3店舗を出店したにもかかわらず1・8％の減収でした。ダイエーは店舗数が4店減少した影響もあり、同5・7％の減収でした。

事業の拡大以上に際立ったのは、イズミの収益安定性です。各社の営業損益を比較すると、ダイエーは103億円へと営業赤字が拡大しました。イオンは75億円の赤字でした。イトーヨーカ堂は7億円の営業利益を確保したものの、営業収益営業利益率が0・1％にとど

図表11　GMS各社の2014年度上期の業績比較

	イズミ	イトーヨーカ堂	イオンリテール	ダイエー
営業収益（百万円）	283,405	640,526	1,060,218	386,128
前年同期比（%）	4.0	−1.8	−0.2	−5.7
営業利益（百万円）	13,770	656	−7,514	−10,283
前年同期比（%）	−5.9	−74.8	**赤字化**	**赤字拡大**
営業収益営業利益率（%）	4.9	0.1	−	−
国内総店舗数（店）	104	180	545	473
前年同期差	11	3	39	−4
既存店売上高前年同期比（%）	1.9	−4.1	−1.8	−2.9
粗利益率（%）	28.2	29.9	26.6	27.5
前年同期差（%）	−0.5	0.1	−0.4	0.2

出所：各社決算資料よりリンジーアドバイス作成
注：粗利益率はイズミとイオンが直営部門、ダイエーは小売粗利益率、イトーヨーカ堂は商品粗利益率
注：店舗数はイズミがエクセル単独店舗を含み、イオンリテールは海外を含む

まります。

一方、イズミは138億円の営業利益を維持し、営業収益営業利益率も4・9％と好調です。イズミは前年同期比でこそ5・9％の営業減益でしたが、これは2013年下期以降に出店した9店舗の開業コスト負担が主な要因です。既存店ベースでは増益でした。

次に、中期的な視点で4社の既存店増収率を比較してみましょう。過去4年半において、イズミは既存店増収率が1・1％程度のプラス圏を維持しています。この安定した販売動向は、同業他社と比較すると優れていることが分かります。実際、他社は中期的に既存店売上高が毎年2～4％も減少しています。

また、イズミの既存店売上が改善しているタイミングが注目されます。イズミは2014年度上期1・9％のプラスです。イオン（マイナス1・8％）、ダイエー（マイナス2・9％）、イトーヨーカ堂（マイナス4・1％）など同業の中で一番高くなっています。しかも、イズミは前々期のプラス0・1％から前期はプラス2・7％へと改善しているのです。

当時はアベノミクスが始まり事業環境が変化し始めていました。アベノミクス開始後における流通企業の外部環境変化としては、円安による原料価格の上昇、ヤングファミリー層の所得環境の悪化、株高によるシニア層の消費意欲向上などが挙げられます。

イズミはこうした環境変化にどう対応したのでしょうか。イズミの経営方針は、中国・九州地方を中心に、店舗主導で本部と連携しながら、地域密着を図る点にあります。

店舗戦略においては、M&Aを絡めたドミナント出店で過去1年間に11店舗増加し104店舗と拡大しています。1年で店舗数が1割以上増加したのは大手4社の中でイズミだけです。2014年度末には新しい物流センターが稼働する予定でした。物流の効率化も進むでしょう。既存店の活性化にも注力しています。足元では、「ゆめタウン別府」をはじめ13店舗で活性化を実施。食品売り場の強化で顧客支持を高めるとともに、地域一番をめざし有力テナントの誘致にも精力的です。

これを支えているのは強い財務構造です。営業活動によるキャッシュ・フローが過去3カ年毎期200億円を超えており、外部からの資金調達なしに、設備投資資金を賄えています。安定した販売動向と収益力が、次の成長に結びつく良い循環になっているのです。

ただ、課題もあります。主力の大商圏型店舗「ゆめタウン」は、立地的に出店が難しくなり、食品スーパー「ゆめマート」や中小圏型ショッピングセンターが出店の中心となるでしょう。しかし、食品スーパーには超低価格戦略を得意とするドラッグストアが待ち受けています。価格競争に巻き込まれると収益性の低下が起こるかもしれません。

商品戦略は「いいものを安く」がイズミのキーコンセプトです。消費構造が変化する中でいち早く、シニア層に支持される商品戦略を展開しています。例えば、百貨店レベルの食品がシニア層に好調なようです。

しかし、ヤングファミリー層対策が課題です。イズミは競合大手やドラッグストアがマスメリット効果を出しやすい超低価格ゾーンを避けています。他の大手流通グループが価格競争力のあるプライベートブランド商品の販売額を強調しているのに対し、イズミからはそのような印象は受けません。

接客サービス戦略では、電子マネー「ゆめか」が地域通貨としての地位を確立していています。顧客囲い込みとキャッシュレス決済による生産性の改善を目指しています。電子マネーを通じて周辺地域と連携を強化することはファンづくりにもつながります。キャッシュレス決済の比率は、2012年度の28%から2014年度上期には45%へと上昇しました。人件費上昇を考えると生産性の改善はますます重要になるでしょう。同時に、イズミでは上期に従業員の待遇改善と業績連動賞与の支払いにも取り組んでいます。待遇改善はモラールの向上につながり、強みである集客力のある改装やテナント誘致における営業力に良い影響を与えるでしょう。

以上をまとめると、所得の厳しいヤングファミリー層への取り組みに課題が残るものの、イズミの店舗戦略、商品戦略、接客サービス戦略は環境変化に概ねうまく対応しています。GMSとしてイズミの優れた環境対応力は非常に参考になります。

1-6

業態や企業ごとの業績格差はなぜ広がっているのか?

▼▼環境変化への認識不足が最大の理由

小売業における業績の格差拡大は、単にヒット商品や新しい店舗フォーマットの開発がうまくいったかというレベルのものではありません。小売業としての本質的な経営の違いによります。

根底にあるのは、環境変化への認識の違いです。事業環境が大きく変わろうとしているのに、日々の活動にトップが時間を取られすぎています。心を静めて考える時間が少ないのではないでしょうか。

私は、小売業の経営環境がいま戦後3度目の大きな転換点を迎えたと考えています。1回目は1970年代のニクソンショックと円の変動相場制移行のときです。ガソリン価格の上昇と狂乱物価の時代です。2回目は1990年代後半です。バブル崩壊で日本経済が低迷する中、人民元の切り下げにより中国経済の高度成長が始まったときです。急激なデフレで小売企業は苦しみました。そしていま、日本の小売業は3度目の大きな転換点を迎えようとしています（図表12）。

図表12 戦後3度目となる小売業の環境変化

第1回目 1970年代	ニクソンショックと円の変動相場制移行 → オイルショックと狂乱物価で流通混乱
第2回目 1990年代	人民元の切り下げと中国の高度経済成長 → 小売はデフレでディスカウンターが隆盛
第3回目 2010年代	円安への転換と資本主義の強化 → 食品物価の上昇と所得の低迷

出所：リンジーアドバイス

ポイントは、でこぼこがあっても10年は続く円安トレンドへの転換、商品・エネルギー価格の大変動、そして国内経済の構造変化です。

小売業は日々の売上と競合他社の動きに目を奪われ、短期的な視点で経営を行いがちです。しかし、今は非連続な環境変化が起きています。従来の経営環境に慣れている多くの小売企業やその経営者にとっては、なかなか理解しづらいでしょう。

しかし、今後は10年スパンで自社の経営を考えるべきです。大きな環境変化に対応するのはそう簡単ではなく、答えが予め分かるものでもありません。

対応策はあります。中期の戦略と計画を立て、それを着実に実行しながら客観的なデータで結果を評価する。そしてまた、戦略や計画に修正を加えていく。このＰＤＣＡサイクルを回していくしかありません。

そのために不可欠なのが、社長と幹部の意識改革なのです。特に社長が本気になって意識を変えなければ、環境変化への対応といっても絵に描いた餅でしかありません。例えば、不採算店舗の問題にはいくつかパターンがありますが、いずれも社長の意識に問題があるといっていいでしょう。Ｍ＆Ａにより相手企業の店舗網を手に入れた場合、本来は不採算店舗や自社の店舗と重なるところは閉鎖すべきなのですが、社長が「みんなに嫌われたくない」「いい顔をしたい」ということでそのまま引き継ぐことがあります。事業計画が甘い出店計画は本来、財務責任者がストップをかけるべきです。しかし、普段から社長のワンマンな言動を見ていて萎縮してしまい、そうした行動がとれないケースもあります。

小売業は歴史的にワンマン経営者が多いといえます。それが強烈なエネルギーとなり、また迅速な経営判断を可能にし、成長の原動力になってきたことは事実です。

しかし、企業規模が大きくなるにつれ、データに基づく冷徹な経営判断とのバランスが求められます。これから起こる非連続な環境変化への対応では、そうしたバランスが決定的に重要なのです。

第2章

「現場指標」の活用で競争力を強化しよう

2-1 現場の競争力を表す指標とは？

▼▼「商品力」「店舗力」「接客サービス力」の3つ

小売業で一番大事なのは「現場」です。「現場」こそ企業にとって成長の源泉です。それでは現場の競争力は何がポイントでしょうか。また、どのように測定できるのでしょうか。

現場力を支えるのは、「商品」「店舗」そして「接客サービス」の3つです。

私はこれまで1万人近くの小売関係者に取材し、小売業に関する国内外の様々な理論を整理し、また定量的なモデル分析を行ってきました。

そして、小売業の成長は、環境との接点となっている「商品」「店舗」「接客サービス」の3つで6割は決まるという結論に至ったのです（図表13）。

「経営者」「組織」「財務」などももちろん重要です。これらは企業の中核を構成していますが、結果的には「商品」「店舗」「接客サービス」につながっています。

言い換えれば、小売企業の競争力は「商品力」「店舗力」「接客サービス力」の3つに分解できます。これが「現場指標」です。この3つを磨きレベルアップしていくことが小売企業の「持続的成長」につながるのです。

図表13　小売業の持続的成長を支える要因

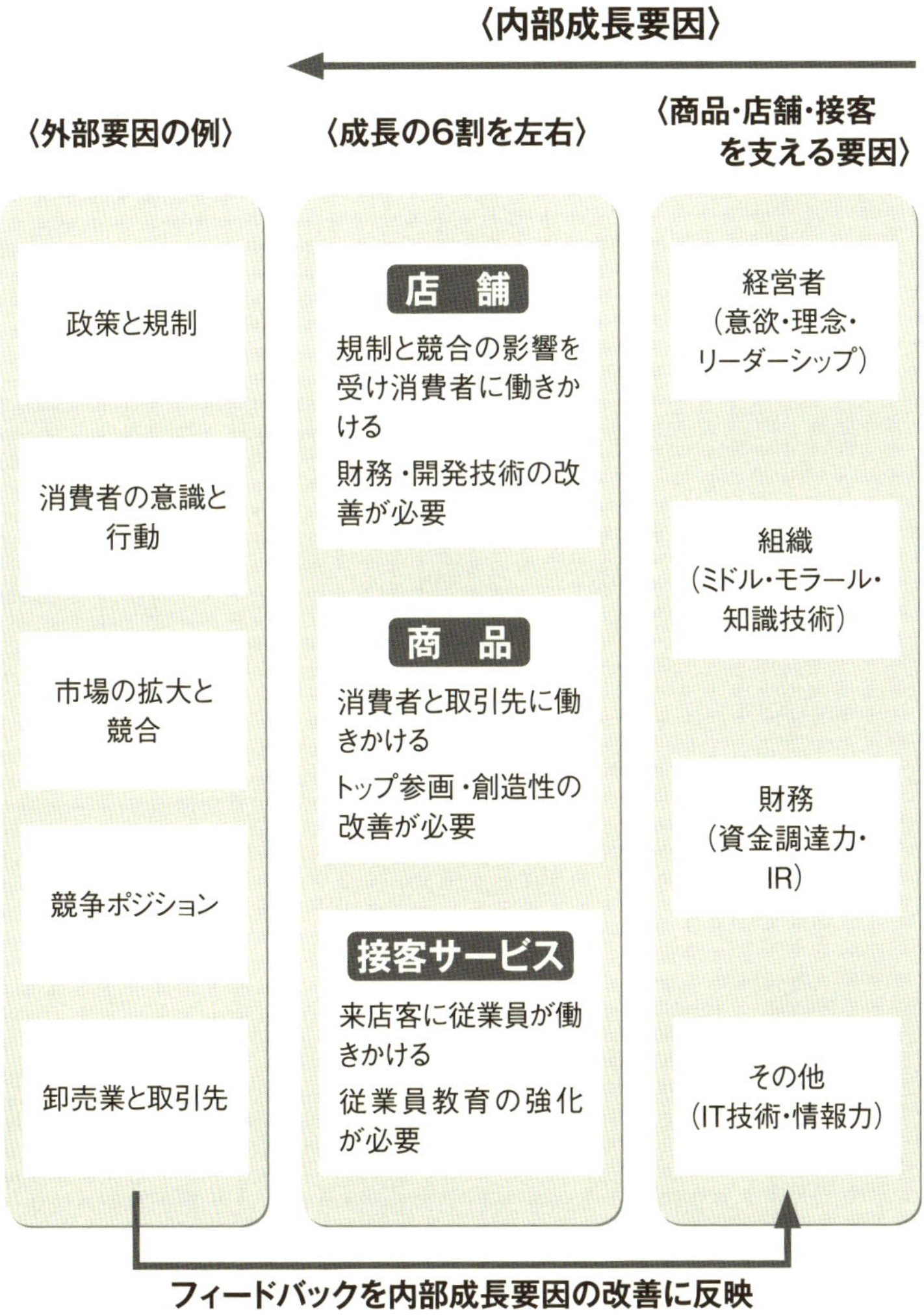

出所：リンジーアドバイス

2-2 「現場指標」のデータはどう選ぶ？

▼▼分かりやすいデータを選び、チェックする

「商品力」「店舗力」「接客サービス力」という「現場指標」を改善していくには、現場の具体的なデータを活用することが鍵を握っています（図表14）。

第1に、「商品力」のデータです。例えば、「在庫回転日数」は重要です。鮮度の高い商品が売り場に並んでいるか、常にお客様が求める商品が並んでいるかの目安となるからです。「売上高粗利益率」からは、適切なマージンを確保しつつ販売できているか、過度な値引きが行われていないか、あるいは付加価値の高い商品や差別化された商品開発によってマージンが改善できているかどうかが分かります。

「物流センターの新設および増強時期」も重要です。小売業は、物流センターの能力が商品と店舗の競争力を左右する時代に入りました。人手不足が深刻化し、店舗オペレーションでは人員負担の軽減が必要となっています。デジタル革命の進展で、需要と販売予測の精度は向上しやすくなっています。自動発注システムを強化するにも、それを支える物流システムの刷新が不可欠です。

図表14 「現場指標」の参考データ例

商品力	• 在庫回転日数 • 売上高粗利益率 • 物流センターの新設および増強時期
店舗力	• 店舗数と売り場面積の伸び率 • 店舗の平均年齢 • 改装およびスクラップ&ビルドした店舗数と時期
接客サービス力	• 店舗当たり&売り場面積当たりの従業員数 • 同業他社と比べた給与水準

出所：リンジーアドバイス

第2は、「店舗力」のデータです。「店舗数と売り場面積の伸び率」が重要です。店舗数と売り場面積の増加は売上の伸びに欠かせません。ただ、むやみに店数を増やせばいいわけではありません。いずれも資金流出を伴います。投下資金や資産増加に見合った収益が確保されなければ、財務体質の悪化につながるだけです。

「店舗力」では、「店舗の平均年齢」も重要です。できるだけ平均年齢を若く保ち、店舗網の鮮度をみずみずしく保つのです。既存店については、「改装およびスクラップ&ビルドした店舗数と時期」をチェックします。商圏の変化や競合の動きに対応して、計画的にあるいは緊急的に手を打たなければなりません。

第3は、「接客サービス力」のデータです。お客様の買い物行動をサポートする従業員の数と質がポイントです。

一時、スーパーセンターとして、集中レジ化と店舗従業員数の削減を行った企業がありました。しかし、数年たってその効果が認められず元に戻したようです。行き過ぎた合理化ではなく、「店舗当たり&売り場面積当たりの従業員数」を十分に確保し、適切なトレーニングを行うことが重要です。

ところで、接客に当たる従業員のモラールは何によって決まるのでしょうか。確かに高邁な経営哲学には敬意を表します。しかし、現実的には給与水準、特に同業他社と比べた水準が大きく影響することが証明されています。

アメリカでは、小売業における最低賃金が時間当たり1500円近くになっている州があるそうです。人手不足感が強い日本の小売業も、時給1500円を払って成り立つオペレーションに対する検討がいずれ必要となってくるでしょう。

様々なデータを日ごろからチェックし、現場における「商品力」「店舗力」「接客サービス力」の改善に取り組んでみてください。

2-3 データの選択における注意点は何か？

▼▼データを絞り、仮説を立て、検証する

「現場指標」のデータは、使い勝手の良いものにすべきです。消費動向や、商品・店舗戦略と業績との関係が分かるものを用いるのが妥当だと考えます。データを絞って仮説を立て、検証し、企業成長につながる戦略に役立てるのです。

消費動向のデータは、マクロの消費動向、セクター別の消費動向（主力商品の構成によって異なる。食品スーパーなら青果、鮮魚、総菜など）、そして自社の状況というふうに3段階に分けるとよいでしょう。

社長には、長期的な視点と短期的な視点の両方が求められます。長期的な視点とは、データ分析の取り組みを数年単位で行うということです。短期的視点としては、消費動向や売上の変化になるべく早く、日々気づく意識が大切です。

従業員のデータ分析教育も着実に強化していっていただきたいと思います。データを日常的に活用できるようになれば、現場の力は確実に高まります。

図表15に、データの着眼点と仮説検証のヒントをまとめたので参考にしてください。

図表15 「現場指標」データの着眼点と仮説検証のヒント

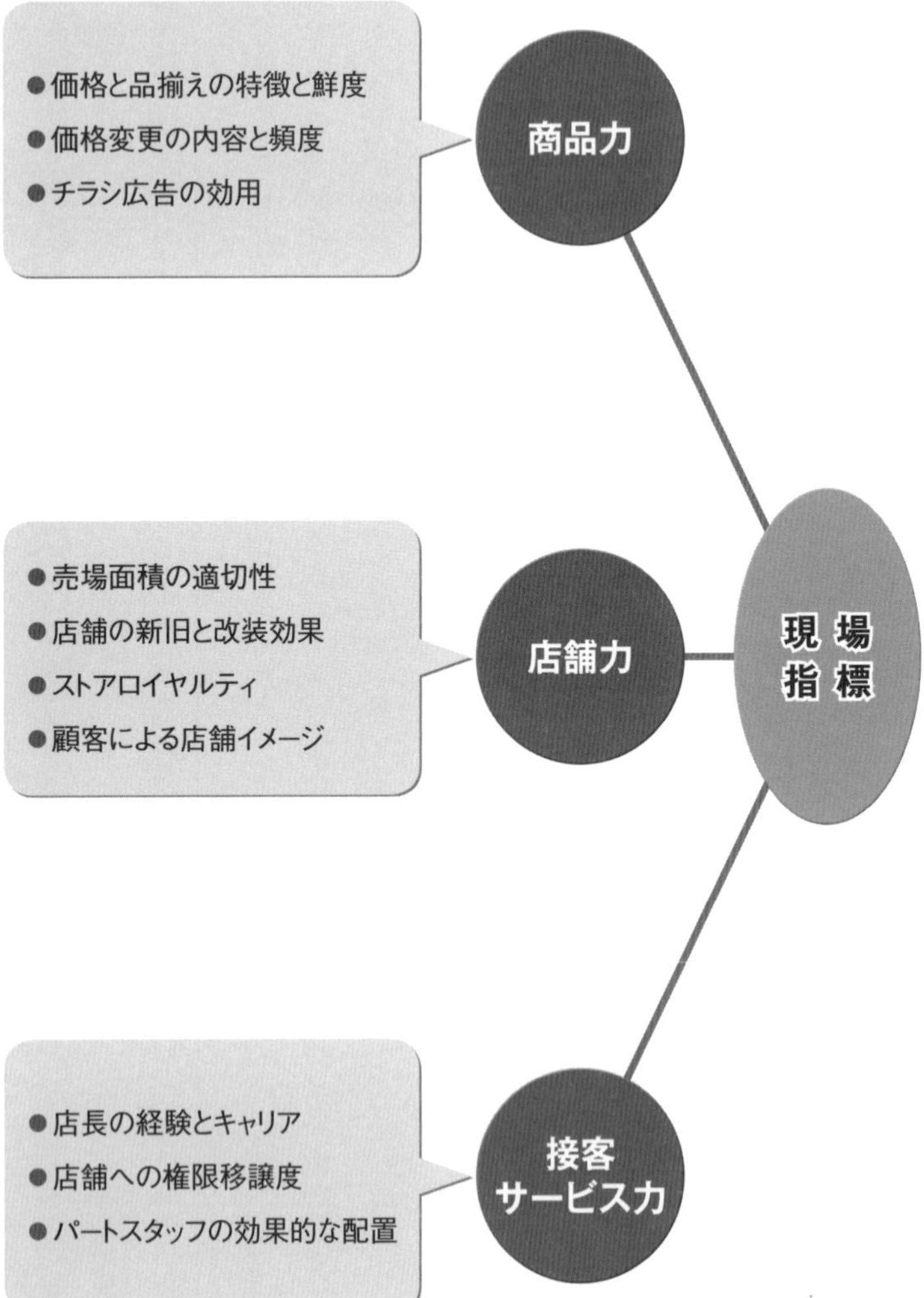

出所：リンジーアドバイス

2-4 具体的にどのようにデータを活用するのか？

▼▼ホームセンターの分析例を参考に

ホームセンターにおけるデータ分析例を紹介します。

これは、アイリスオーヤマ株式会社と財団法人日本総合研究所が中心になってできた「21世紀ＨＣ経営研究会」が出所です。「ホームセンター企業幹部社員アンケート調査」のデータを用い、慶応義塾大学商学部の岡本大輔教授、日本総合研究所経営研究部長の佐藤和彦氏らがまとめた分析結果（２００３年）の一部です。

この調査では、全国のホームセンター42社にアンケートを出し、26社１１１人から回答を得ています。アンケートでは、各社の業務運営方法と、それがうまくいっているか否かを尋ねています。そして、その結果と各社の業績との関連を分析したものです。

こうしたアンケートと客観的な数値を関連づけて分析することが、データ活用の好例と言えるでしょう。ここでは、データ分析の結果から得たホームセンター戦略の示唆を紹介します。

図表16 価格戦略と店舗の経営成果の相関関係

	顧客満足度	当店利用比率	従業員一人当営業利益
売上高粗利益比率	×	×	◎
定番商品の価格競争力がある(安い)	×	○	×
特売品の価格競争力がある(安い)	×	○	◎
競合店への価格対応	×	×	×
消費者の持つ店舗の価格イメージ	◎	○	○

注：統計的に意味が十分あるのが◎、あるのが○、ないのが×

出所：21 世紀 HC 経営研究会

＜価格戦略について＞

まず、価格政策と店舗の経営成果の関係を見てみましょう（図表16）。「消費者の持つ店舗の価格イメージ」は、顧客満足度、マーケットシェア、従業員一人当たり営業利益のすべてにプラスに作用しています。

また、「特売品の価格競争力がある（安い）」も、従業員一人当たり営業利益にプラスに作用することが分かりました。逆に、定番商品の安売りはあまり効果がありません。EDLPが効かなくなってきています。

ここから見えてくるのは、「この店は安い」というイメージの重要性です。特にディスカウンターは、経営上の施策をすべて「この店は安い」というイメージづくりに集中すべきであることが分かります。

図表17　値下げと成果指標の関係

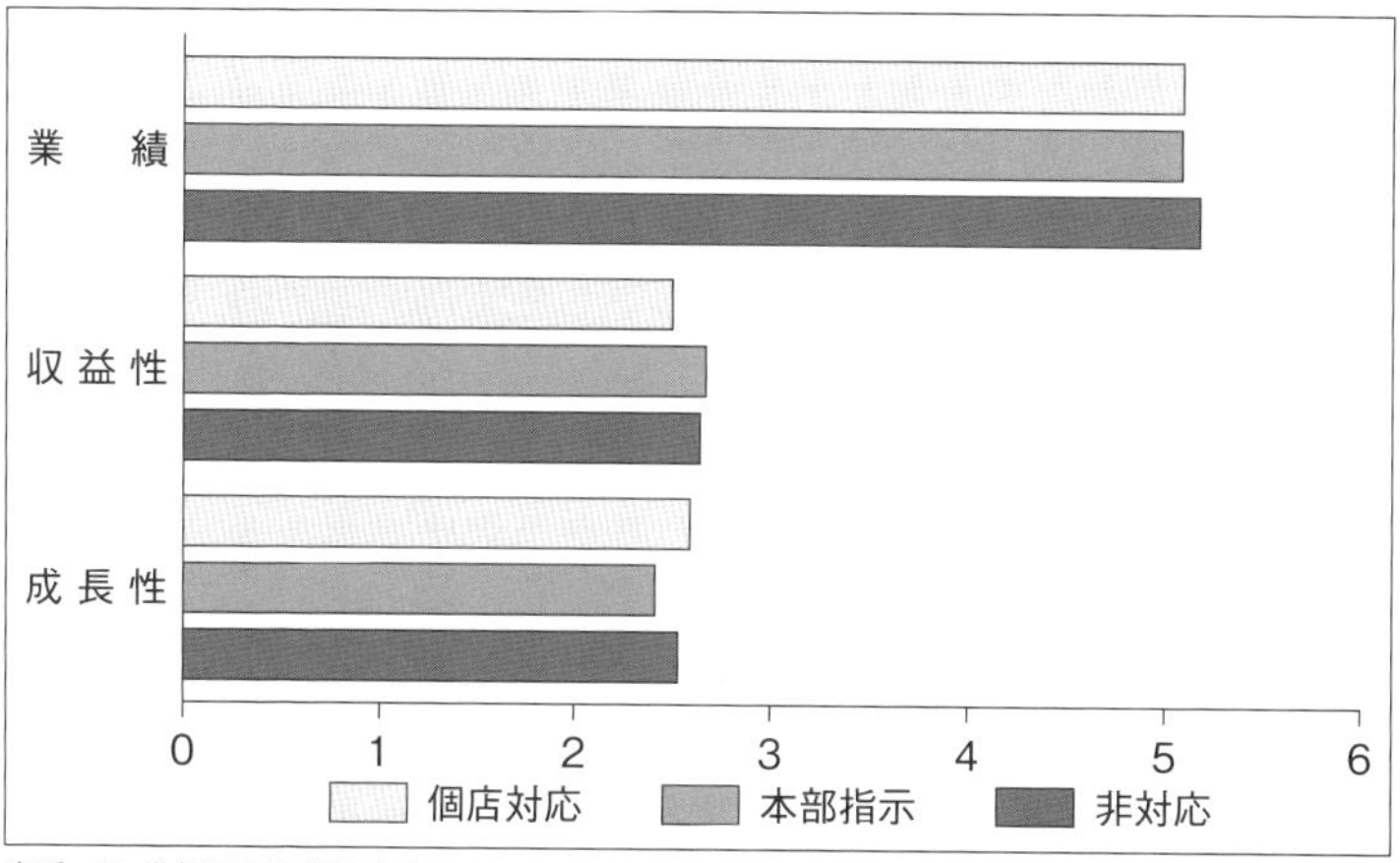

出所：21世紀HC経営研究会

＜価格決定権について＞

次に、値下げと成果指標の関係を見てみましょう（図表17）。「個店対応」の値下げにより売上は伸びますが、業績や収益性はむしろ悪化しています。「非対応」のほうがむしろ業績は上がるようです。

売上と利益率は反比例の関係にあり、「個店対応」よりも「本部指示」や「非対応」のほうが良いようです。「個店対応」がどちらかというと周辺の競合店の動きを見ての追随対応であるのに対し、「本部指示」は自社から先回りしての先行対応だからでしょう。

ここから見えてくるのは、商品の売値決定権を店舗に与えると業績が悪化しやすく、一方、競合店の値下げには追随しないほうが業績は良いということです。安売りはやるなら

図表18 目的買いと収益性との関係

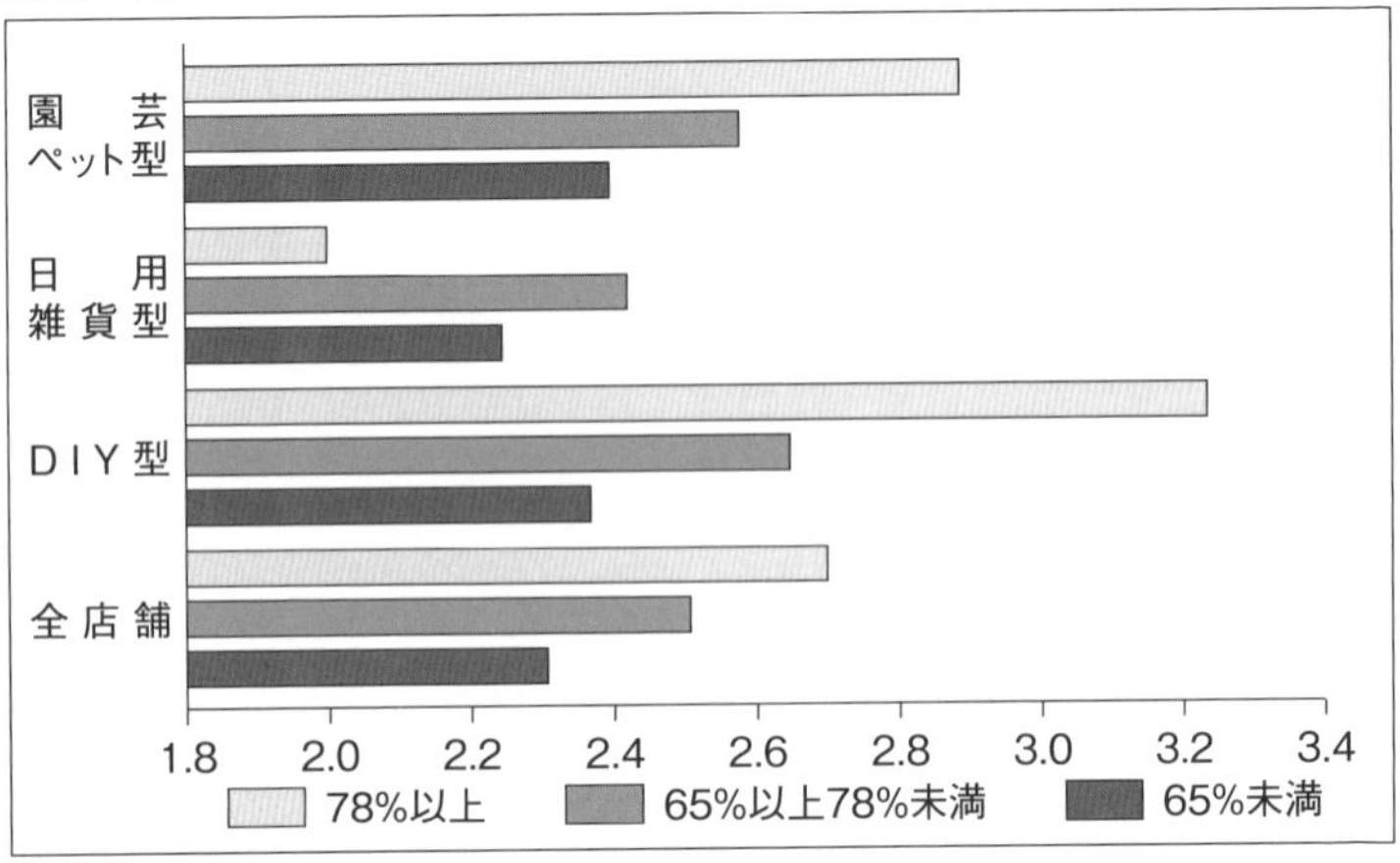

出所：21世紀HC経営研究会

先手を取って行う。それには仕入れ段階からの準備が必要です。

＜**商品戦略について**＞

目的買いの購入金額割合と収益性の関係を見てみましょう（図表18）。同じホームセンターでも、品揃えの特徴によって傾向が異なることが分かります。例えば、園芸・ペット型やＤＩＹ型など目的買いの店舗のほうが収益性は大幅に高くなっています。

ここから見えくるのは、高い収益性を実現するには、目的買いしてもらえる店舗にしなければならないということです。「あれもこれも」という中途半端な商品戦略ではなく、品揃えをよく吟味して、専門性の高い売り場にすることが必要です。「品揃え強化」を言

図表19　上位5部門の売上構成比と収益性との関係

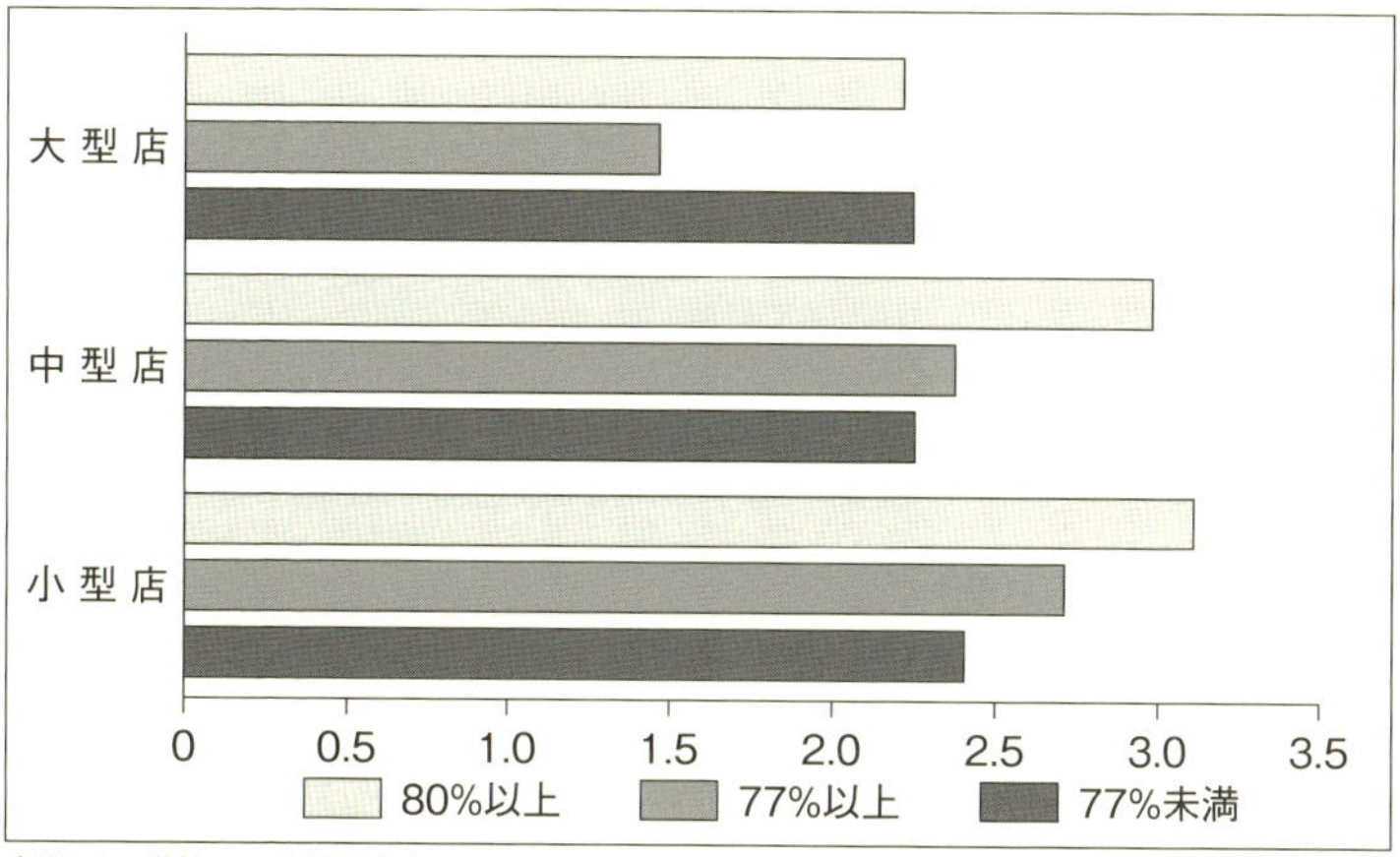

出所：21 世紀 HC 経営研究会

うのは簡単ですが、地域特性や競合店の分析など慎重な準備が欠かせません。

品揃えによる特徴化は店舗規模にも関係します（図表19）。規模別に上位5部門の売上構成比と収益性を見ると、中小型店は商品を絞り込むほうが高い収益性を確保できています。

専門性を高めつつ、かつ商品を絞り込むためには、データに基づく経営判断が求められます。

＜店舗改装について＞

店舗の改装効果を見てみます（図表20）。

全館リニューアルした場合の成長性・収益性を見ると、成長性にすぐ効くことが分かります。しかし、その効果は4年未満で切れてしまいます。つまり、店舗のリニューアルは

図表20 店舗改装と成長性・収益性との関係

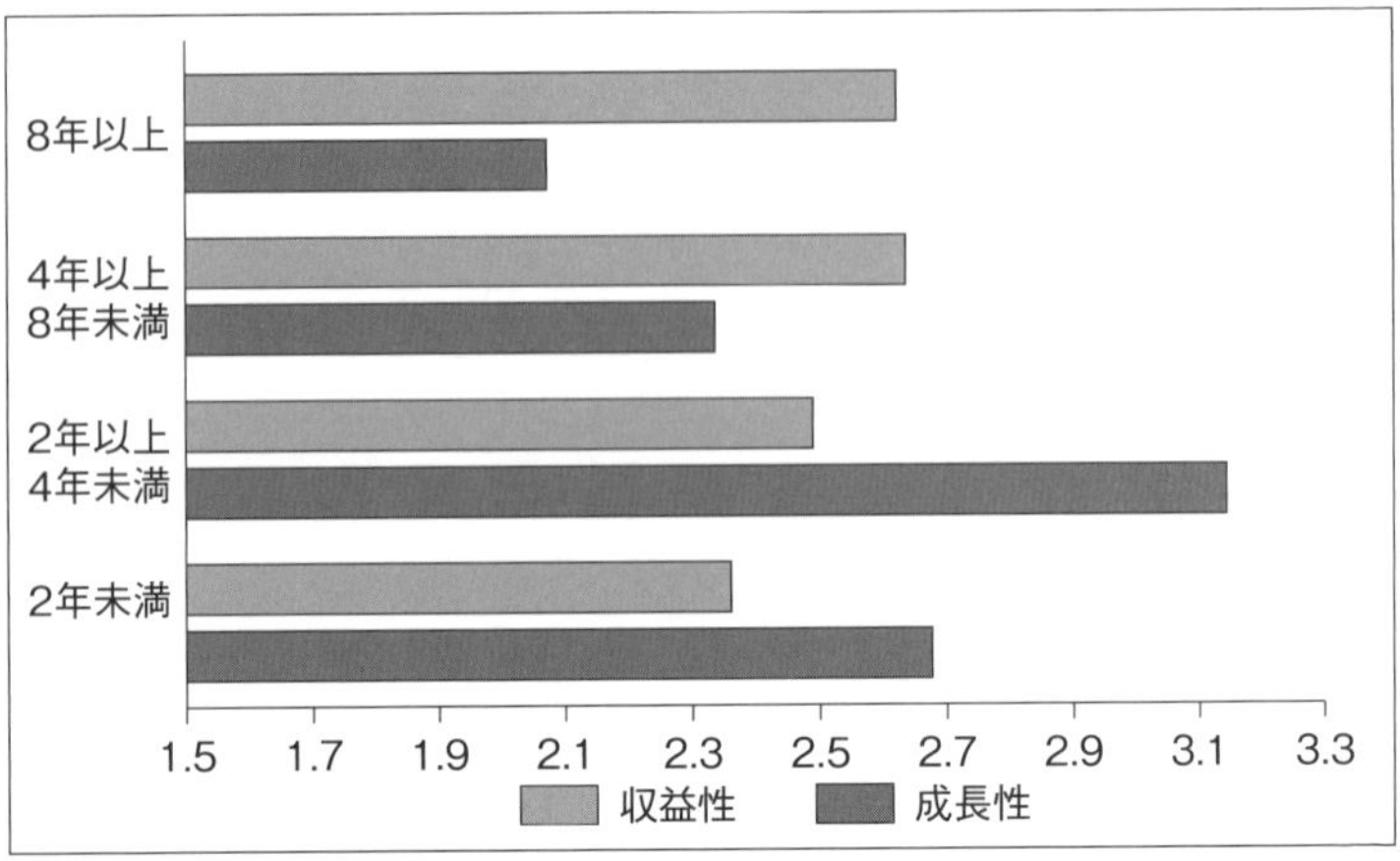

出所：21 世紀 HC 経営研究会

継続的に行う必要があるのです。

小売業では、商品と同じくらい店舗が重要です。店舗開発を開発担当者に任せきりではいけません。

なお、既存店のリニューアルに比べると、新規出店は投資額も大きいです。そのためＲＯＡで投資効果を判断することが必須です。最低限の収益性を維持できないような出店はキャッシュの流出を招き、財務の健全性が失われてしまうため厳禁です。

なお、ここで注意が１つあります。この分析はデータが10年以上前のものであり、現在の業界動向とは異なります。したがって、そのまま当てはまらない部分もあります。ここでお伝えしたいのは、データ分析に基づいた戦略の大切さです。

2-5 物流は現場にどのように関係するのか？

▼「商品力」のみならず「店舗力」「接客サービス力」にも直結する

２０１３年以降、小売企業も通販企業も物流センターを強化しています。流通大手ではオムニチャネルやネットスーパーへの新しい取り組みも広がっています。いまや物流を制するものが小売業を制するとも言われるほどです。

時代背景のひとつに、人手不足が深刻化していることがあります。パートやアルバイトの時給が高騰し、店舗オペレーションに必要なだけの採用が難しくなってきています。また、通信技術の発達により、店舗の販売状況とメーカーの生産を連動させる取り組みが進んでいます。

これからの小売業では、店舗オペレーションの効率化、ＰＢ、在庫管理の強化、オムニチャネルの発展が、売上の伸びや収益性に大きく影響するはずです。これを支えるのが自動発注システムの導入など物流システムの強化にほかなりません（図表21）。

物流関連の投資額はウナギのぼりです。このため財務力も関係してきます。アスクルは物流投資を強化するために増資を行いました。アクシアル リテイリングは、グループ入りし

図表21 物流と競争力の関係

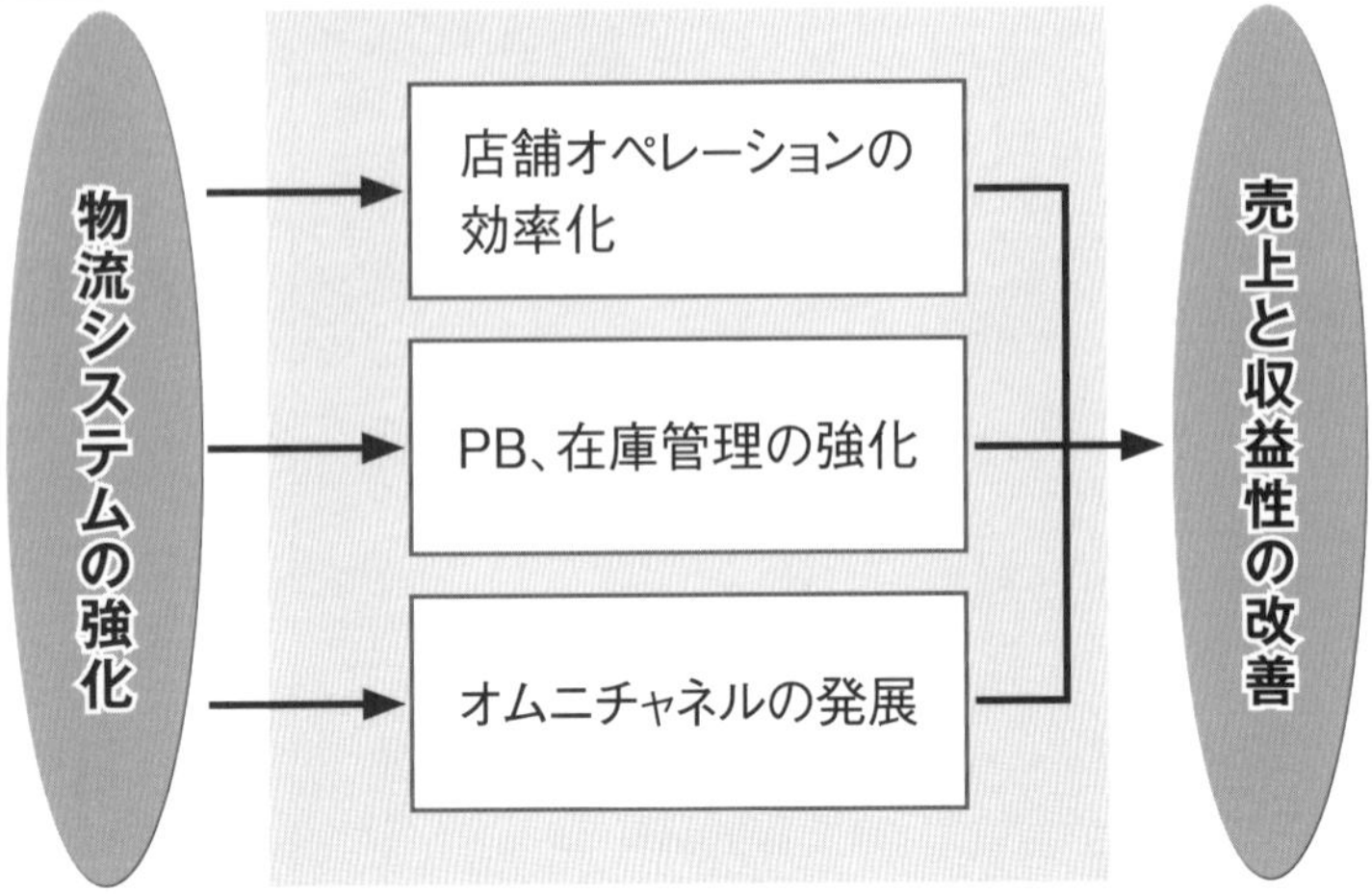

出所：リンジーアドバイス

たフレッセイに新しい物流センターを導入する予定です。

財務力と組織力にまさる大手が物流を大幅に強化している最近の動きを見れば、今後はM&Aを成功させる上でも物流の観点が重要になると思われます。

第3章

「環境指標」でタイムリーに変化をつかもう

3-1 どうやって環境変化をつかむのか？

▼▼「環境指標」として政策・金融市場・消費・競合に注目する

苦戦している小売企業に共通するのは、環境変化を十分にとらえていないことです。表層的な競合店の売り場にばかり目をとられているようです。小売企業の経営者と話をしていても、経済のグローバル化といった時代の大きな流れ、為替や株価といった経済動向などへの関心が低いことが多いです。

それに対し、食品メーカーや消費財メーカーはグローバルに情報を収集・分析しています。長期的な視点に基づく経営戦略と事業計画に沿って、世界各地の小売企業と取引しています。

日本の小売企業の社長は、発想も視点も切り替えなくてはなりません。何が自社の経営に本質的な影響を与えるのかをつかみ、大きな社会変化から取り残されないようにしなければなりません。

そこで役に立つのが、「**環境指標**」です。具体的には、小売業を巡る環境変化を「政策」「金融市場」「消費」「競合」という4つの指標で把握します（図表22）。

図表22　小売企業と「環境指標」との関係

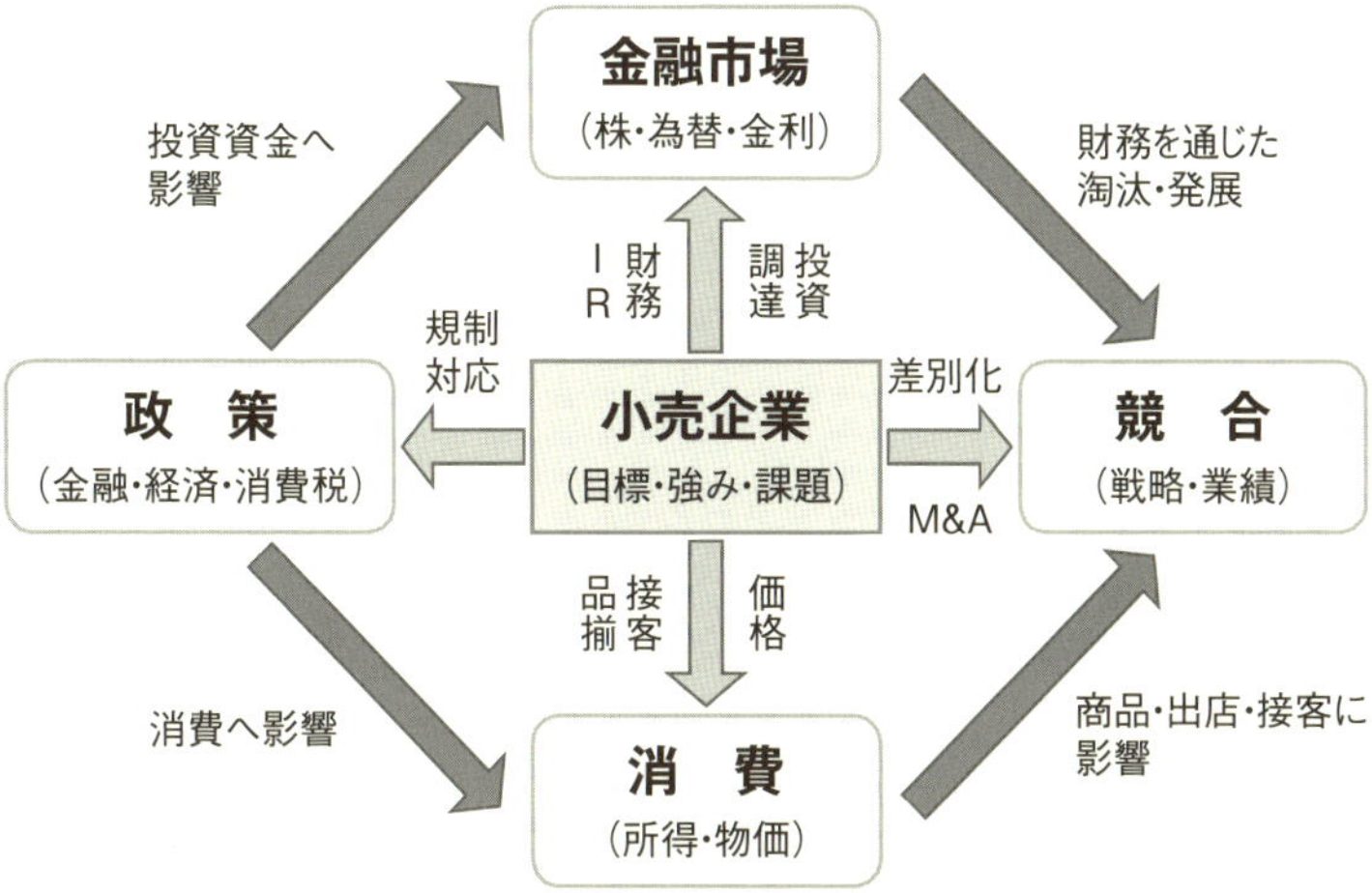

出所：リンジーアドバイス

中長期で影響力が大きいのが「**政策**」です。一方、株や為替、金利などの「**金融市場**」の動向は様々なメッセージを企業に投げかけます。そして、小売企業の財務・調達・投資に影響を与えます。

また、「**消費**」の変化に対して価格や品揃え、接客でどう対応するかが大切です。さらに「**競合**」に対してどういう差別化やM&Aを図るのかによって、業績は大きく変わるでしょう。

これら4つの指標を分析するのです。業績のうち何が外部環境によるものか、どこまでが自社の問題によるものかが分かります。その結果、自社の進むべき方向、すなわち経営戦略が見えてくるのです。

3-2 小売業に関わる「政策」で注目すべき点は何か？

▼▼アメリカの金利引き上げとコーポレート・ガバナンス改革が重要

小売業の歴史は、行政による規制の歴史です。規制が変更されると、その3〜5年後に影響が顕在化します。

例えば、1985年のプラザ合意後、大幅な円高が進みました。そして、1986年の前川リポートと1989年の日米構造協議により、「大規模小売店舗における小売業の事業活動の調整に関する法律」（大店法）の出店規制が緩和されました。その結果、各地で工場跡地が大型ショッピングセンターにどんどん衣替えしたのです。

また、海外から安価な商品を仕入れ、簡素な店舗で、低い人件費で売るビジネスモデルの優位性が高まりました。その結果、ロードサイド型の低価格業態が登場しました。

2000年には大店法そのものが廃止され、代わりに「大規模小売店舗立地法」（大店立地法）が施行されました。郊外では大型商業施設の出店も加速しました。

地方を中心に、小売業の売り場面積は1994年から2007年の間に23・1％増加する一方、小売販売額は5・6％減少しました。

しかし、2006年に「中心市街地活性化法」と「都市計画法」が改正され、延べ床面積が1万平方メートルを超える大型小売店の出店が規制されました。地方への大型店の出店が足踏み状態となり、近年はイオンの「まいばすけっと」など小型店舗が増えています。

さて、2020年に向けて、影響が注目される政策は2つあります。

第1は、アメリカによる金利引き上げです。2015年12月にアメリカ政府は9年半ぶりに短期金利を引き上げました。これは、為替レートに大きな影響をもたらします。

同時に、アメリカは原油の輸出を約40年ぶりに解禁しました。私はこの政策の目的が、原油価格の引き上げ、アメリカ石油産業の復活、そして長期的なアメリカ経済の発展にあると考えています。

こうした動きは、日本の小売企業の世界戦略を左右することになるでしょう。

第2は、コーポレート・ガバナンス（企業統治）の強化です。「アベノミクス」では、金融政策、財政政策と並び、成長戦略が3本柱の1つとされています。この成長戦略を具体化するため、稼ぐ力の回復と、株主との対話が、小売企業にも求められています。

この流れの中で、2014年2月、金融庁は機関投資家の行動指針として「日本版スチュワードシップ・コード」を発表しました。これは機関投資家が、投資先企業との建設的な対話（エンゲージメント）などを通し、投資先企業に企業価値の向上や持続的成長を促すことが目的です。社会福祉の基盤が強化されるよう、中長期的な投資リターンの拡大を図るよう求めるものです。

また、２０１４年８月には経済産業省が「伊藤レポート」を発表しました。これは経済活性化を目指すものです。株式市場と事業会社との新しい関係として、建設的対話が提案されています。特に、企業が重視すべき経営指標としてＲＯＥ（自己資本利益率）があげられました。そこでは目指すべき数値目標として８％以上が示されました。

さらに２０１５年５月に改正会社法が施行されました。６月には東京証券取引所が上場企業に対して「コーポレート・ガバナンスに関する報告書」の提出を義務付けることを発表しました。

具体的には、取締役の構成を含めた体制改革、持続的発展に向けた戦略と計画の公表、ＩＲ（Investor Relations）の充実と投資家への対応などが求められています。

こうした一連のコーポレート・ガバナンス改革は、上場小売企業に想定を超える影響を与えると思われます。特に、これまで以上に株主視点での収益性とフリーキャッシュ・フローの確保を求められることになるでしょう。採算を軽視した新規出店は難しくなります。不採算店舗の閉鎖と業界再編も加速するでしょう。そして、トップマネジメントの責任と取締役会の役割も大きく変わると思われます。

図表23 政策の変化と小売業への影響

	主な政策変更とイベント	小売業への影響
1986年〜	・前川レポート	・出店規制が緩和
1989年	・日米構造協議	・90年代後半に競争が激化
2000年	・大店法廃止 ・大規模小売店舗立地法（大店立地法）施行	・ショッピングセンター拡大
2006年	・中心市街地活性化法改正 ・都市計画法改正	・大型店舗の出店が規制 ・小型店舗の拡大
2014年〜	・伊藤レポート ・会社法改正 ・コーポレート・ガバナンス報告書 ・TPP	・ROEなど収益性重視へ ・経営責任の厳格化 ・不採算店舗の閉鎖 ・業界再編が加速

出所：リンジーアドバイス

3-3

「金融市場」の注目点は何か？

▼▼40年近く続いた円高から円安への歴史的なトレンド転換

第2の「環境指標」は「**金融市場**」です。これは、株式、為替、金利などのことです。

小売業の経営において金融市場に注目するといわれると不思議に感じるかもしれません。しかし、株価や為替は世の中の動きの中で一番早く動く指標です。そして、今後の世の中を映し出す鏡でもあります。上場企業であれば自社の株価の動きに日々、注意を払っているでしょう。非上場企業であっても、資金調達における金利や、金融機関の融資態度などといった形で金融市場の影響が及びます。

例えば、2015年に食品スーパーの既存店の売上を押し上げた食品価格の上昇は、何が原因だったのでしょうか。また、百貨店の売上増を支えたインバウンド需要の背景には何があったのでしょうか。

答えは円安です。円安は小売企業の経営に大きな影響を与えています。例えば、大手アパレル企業の業績がスローダウンし、2015年秋に株価も下がりました。長年、中国で安くつくった製品を大量に輸入して成長してきたのですが、円安で商品開発が難しくなりました。

小売業にとって、円安の影響は様々な形をとります。外国人観光客の増加にともない、インバウンド消費の機会を生み出すなど追い風になる面も確かにあります。しかし、コストの上昇要因ともなります。

金融市場に関連しては、世界第2位の経済大国となった中国の経済動向も重要です。中国では、いよいよ景気減速がはっきりしてきました。中国経済は1990年代に急成長した後、2006年ごろからすでに成長率が下がっていました。上海株のピークは2007年で、その最高値を抜けていません。中国の経済成長は2000年代前半がピークだったと思われます。

その頃、大手小売企業は続々と中国へ進出しました。しかし、現在、中国事業で黒字を確保できているのは2～3社程度でしょう。経済が減速している市場では、既存店の売上は伸びにくくなります。そこへ大量出店するという経営判断は、中国経済の分析が甘かったといわざるをえません。

中国経済に関しては、2015年に入って外貨準備高が減少していることも注目されます。8月に人民元の切り下げが行われ、一時的に世界の金融市場に動揺が走りました。恐らくこれは一過性の出来事ではなく、2020年までに人民元の切り下げおよび通貨制度の変更が予想されます。

アジアでは90年代後半、タイバーツを中心としたアジア通貨危機が発生し、東南アジア各国の経済が動揺しました。その再来として、中国発の世界金融不安に発展する可能性もあると思います。その場合、豪ドルやタイバーツを含む新興国通貨は大きな影響を受け、リスク回避的な円買いで円高が進むでしょう。

小売業の経営者や幹部は、金融市場の動きを落ち着いて見つめることが必要なのです。

3-4 米ドル／円の今後の為替動向は？

▼▼いったん円高に進むかもしれないが、中期円安の第2波が来そう

小売業にとって、為替動向は今後ますます重要になります。そこで、主要通貨別に、現状の確認と中長期の展開を考えてみましょう。

米ドル／円については、アベノミクス以降円安が急速に進みました。ただ、円安は徐々におさまると見ています。当面はむしろ円高へ進むでしょう。２０１１年から始まった中期円安の第１波が終盤にあり、円高が２０１５年冬から始まっている可能性があります。

きっかけはアメリカの政策変化です。２０１５年10月にアメリカが過度のドル高が自国の景気圧迫要因になっていることから、円安に対して懸念を表明しました。12月には、金利の引き上げに踏み込みました。戦後、アメリカが金利を引き上げた後はほぼ毎回、円高が起きています。円高の幅も10～30円以上と大きいです。

加えて２０１７年４月からは、日本で消費増税に伴う景気悪化により投資家は不安になりそうです。株は売られ円高が強まるでしょう。円高の目途は、２０１６～２０１７年はメインシナリオで１０５～１１５円、リスクシナリオでは１００円割れもあり得えるでしょう。

図表24 米ドル／円の長期推移

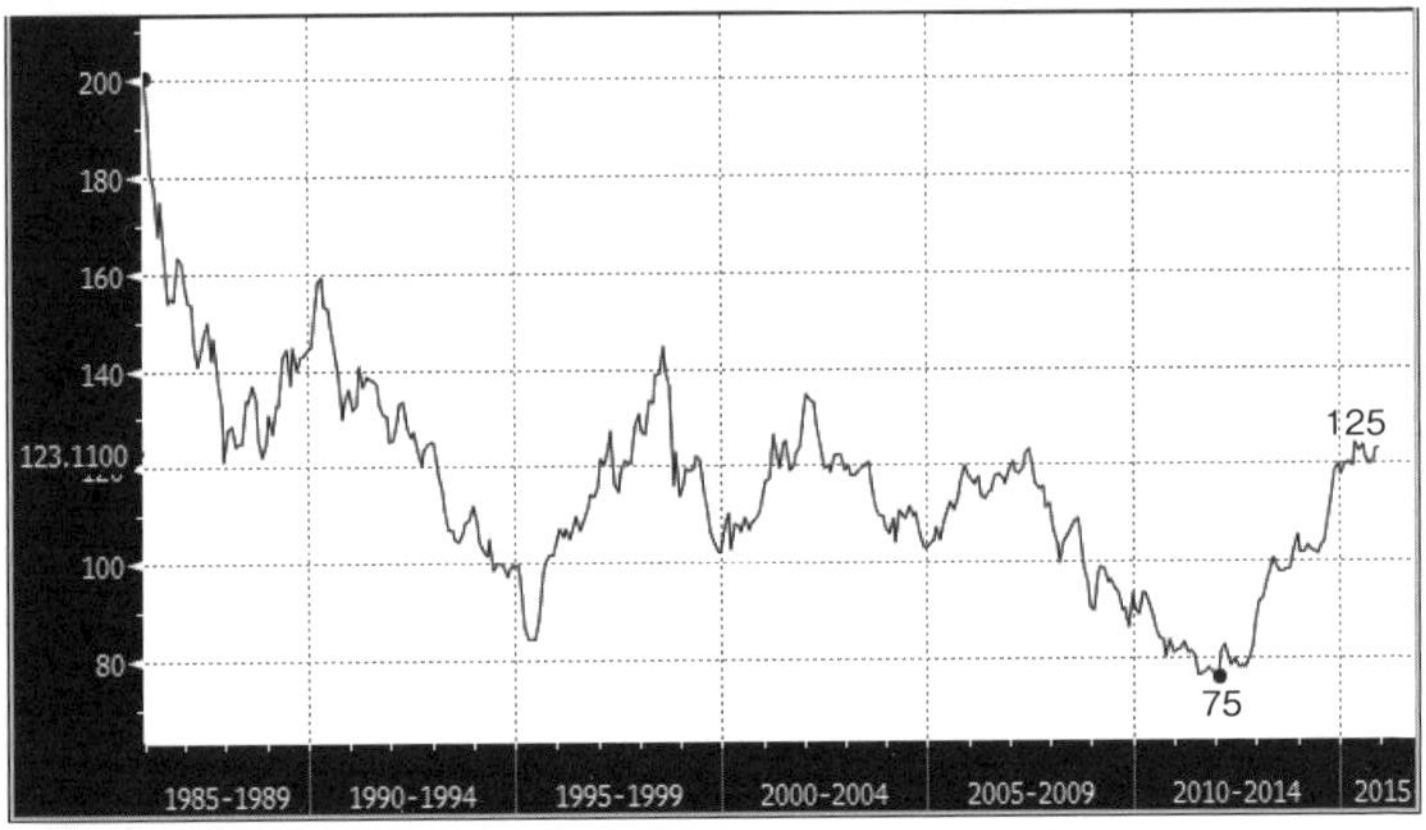

出所：ブルームバーグ

ただし、1970年代のニクソンショックから続いていた「円高」というアメリカの通貨政策は「長期円安」に変更されたと思われます。日本の財政赤字と経常収支構造も円安要因です。仮に円高が進んでも2011年の75円を超えることはないと考えます。

2019年~2025年に向けては、中期円安の第2波へ向かうでしょう。一度は、中国経済の悪化やアメリカの過度の金利引き上げがきっかけとなり、世界的な金融悪化が起こりそうです。しかし、その後は世界各国で大規模な金融緩和が再開され、投資家のリスク選好姿勢が強まると予想されるからです。

中期円安の第2波では、2002年のドル高値135円や、1998年頃の147円が目安となるでしょう。

3-5

円安が小売企業にもたらす影響は？

▼▼人手不足が重なりコスト上昇圧力に

不動産バブル崩壊後は、基本的に「円高」が続きました。このため、小売企業は海外からの仕入れコストが低下し、製造業の工場跡地など新規出店のための土地も手当もしやすかったといえます。

しかし、「円安」トレンドに転じると、コストコントロールははるかに難しくなります。すでに輸入品物価の上昇などを通じてメーカーの負担が増えました。商品政策に大きな影響を与えています。最近は、メーカーが負ってきた為替リスクを、小売企業の側が負担する事例も増えています。

円安はまた、製造業に国内回帰の動きをもたらします。現場を支えるアルバイトやパートがさらに採用しにくくなるおそれがあります。

円安以外でもコスト上昇要因はあります。

例えば、アメリカは２０１５年12月に原油の輸出を解禁しました。ここ数年低下している原油価格ですが、仮に上昇すればアメリカの石油産業は復活しそうです。もしかすると、今後数年で原油価格とガソリン価格は大幅に上昇するかもしれません。その場合には、運送コストにも影響するでしょう。

また、不動産コストはＲＥＩＴ（不動産投資信託）の影響を受けます。オフィスの空室率低下やホテルの稼働率上昇などを背景に、増資などに動くＲＥＩＴが増えています。既存の保有物件についても今後、賃料の上昇が進むと見られます。実際はバブル状態とも思われますが、都市部の不動産コストは上昇傾向が続くかもしれません。

様々なコスト上昇要因が押し寄せる中、小売業はどうすればいいのでしょうか。

もちろんこれまで、小売企業各社はコストコントロールに懸命に取り組んできました。しかし、日本の消費者は世界一厳しいといわれます。単にレジ台を減らしたり店舗スタッフを削減するだけではサービスが低下し、そっぽをむかれてしまいます。

まずは、原材料費、商品の仕入れ価格、不動産コスト、物流費、人件費など、コスト項目ごとにどこは下げられるのか、逆にどこは上げたほうがいいのか分析し、コスト配分を最適化していくことが欠かせません。

その上で、商品の付加価値を上げ、店舗や接客のレベルを高め、利益率を改善し、財務体質を強化していくことが求められます。

図表25 **コストについて今後注目すべき点**

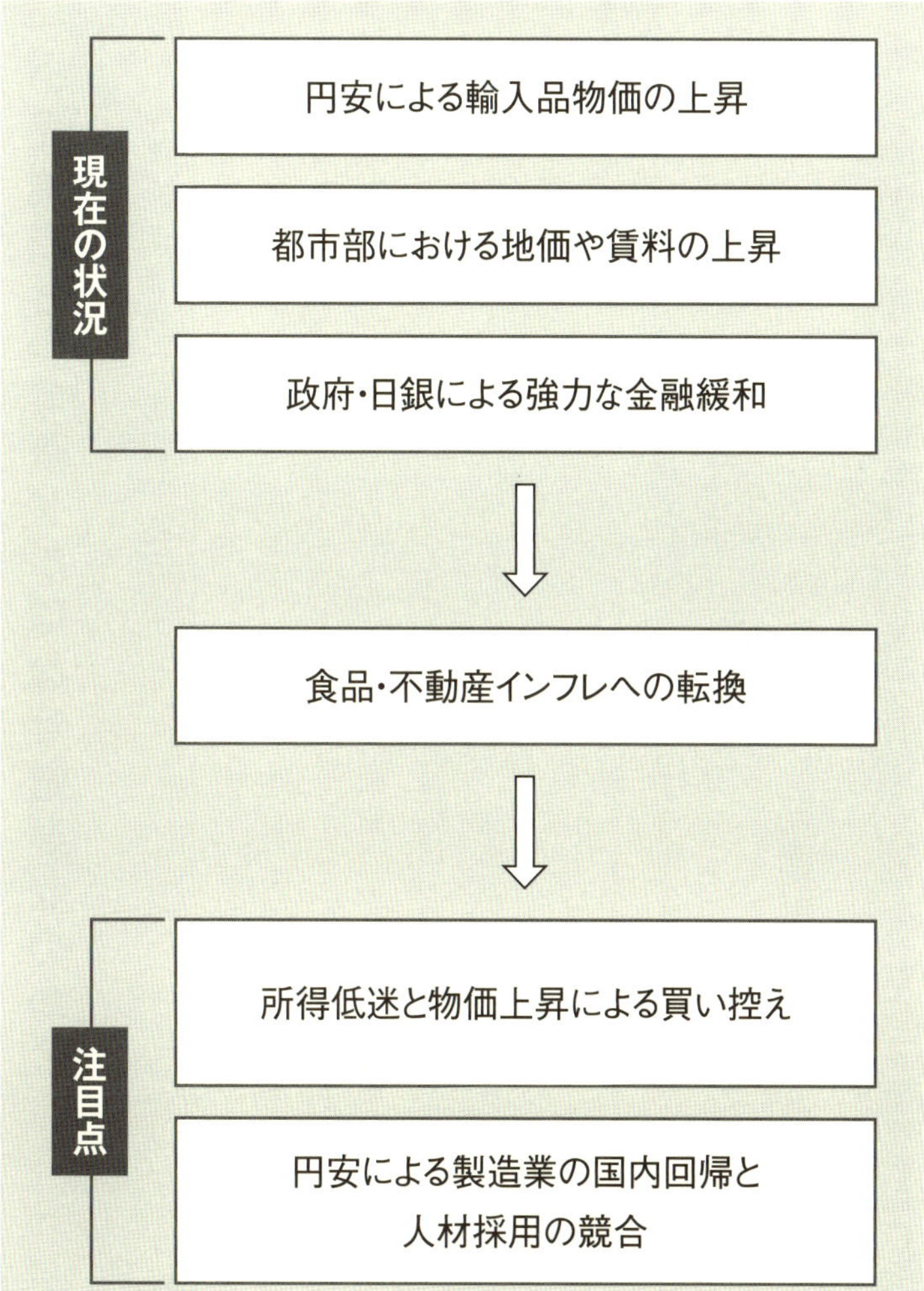

出所：リンジーアドバイス

3-6

小売業にとって豪ドルはなぜ重要なのか？

▼▼食肉価格に影響するから

食品スーパーにおいてこの1～2年、注目されるのが食肉価格の上昇です。食肉価格の上昇は、食品スーパーの堅調な売上を支えています。

特に、輸入牛肉を支えているオーストラリア産牛肉の値上がりが顕著です。牛肉の価格は基本的に牧畜の状況や生体価格に左右されますが、為替動向の影響も受けます。

そのため、今後、豪ドルの為替相場がどう動くかは、食肉価格に影響を及ぼす可能性があります。

豪ドル／円はこれまで、２０１４年11月の１０２円から２０１５年9月の81円まで大きく下落しました。アメリカの景気に減速感が出て、中国で人民元の切り下げが起きた時期と重なります。豪ドル／円は世界景気の動向に敏感なようです。

そして、豪ドル／円は、豪ドル／米ドルと米ドル／円の掛け算でもあるので、なかなか複雑です。

ただし、資源輸出国であるオーストラリアにとって、顧客である中国の経済が不安定であ

図表26 豪ドル／円の長期推移

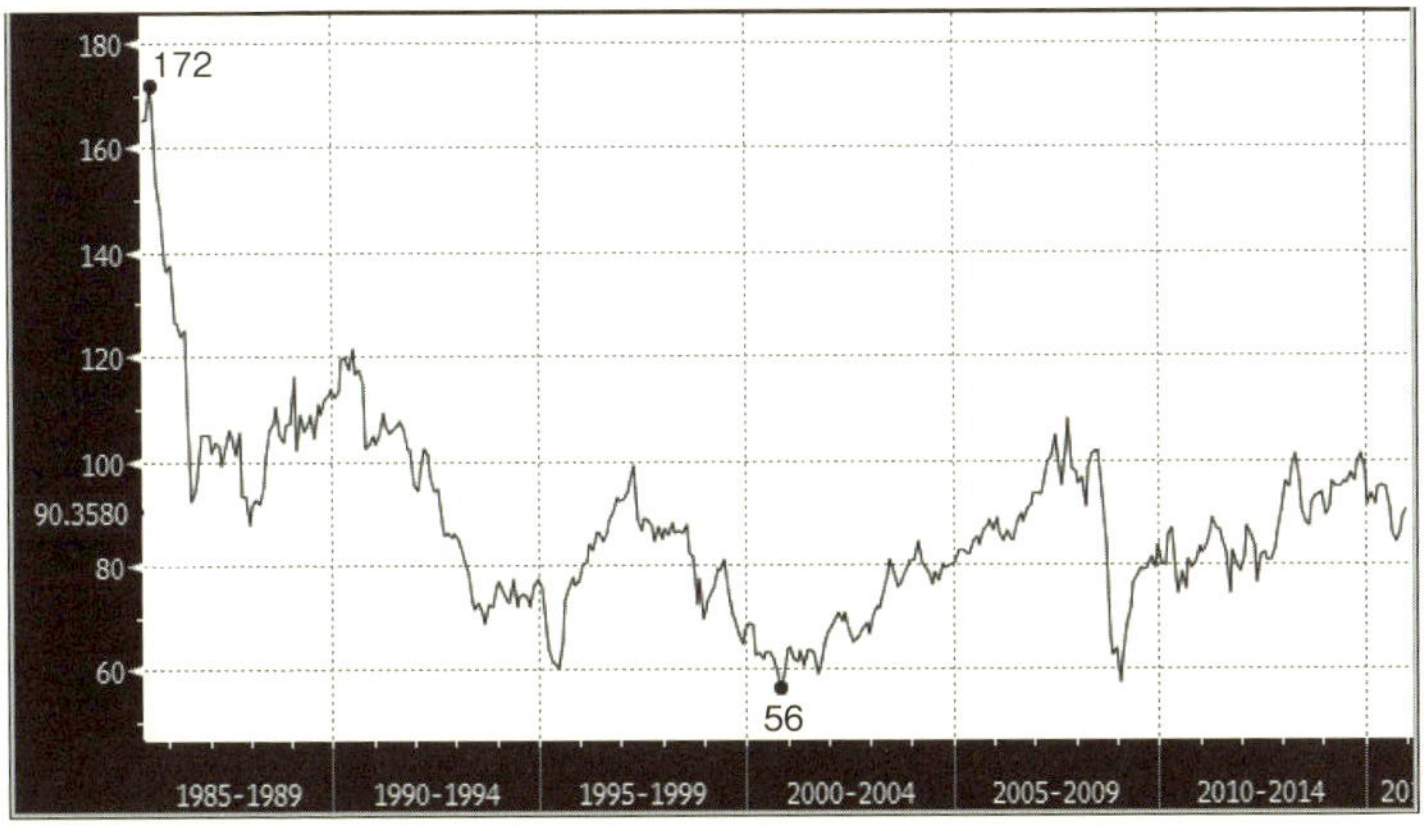

出所：ブルームバーグ

るのは事実です。２０１５年に入り、中国の外貨準備高は減少し、人民元が下落傾向にあります。

この影響は豪ドルにも及ぶでしょう。豪ドル／円は、２０１５年12月の88円から豪ドル安が強まり、80〜70円も視野に入りそうです。

3-7 小売業にとってタイバーツはなぜ重要なのか？

▼▼ 加工食品の輸入価格に直結するから

日本の小売業にとって、タイの重要性が増しています。ファミリマートなどコンビニエンスストアがタイで店舗を展開していますし、百貨店でも髙島屋が進出を予定しています。

それ以上に重要なのは、タイはＡＳＥＡＮにおける輸出拠点として競争力があり、日本の食品メーカーや消費財メーカーが次々と進出しているからです。タイで生産された加工食品、冷凍食品を日本へ輸入するにあたって、タイバーツの動きが輸入価格に直結します。

バーツ／円は、タイの国債ＣＤＳ指数と連動する傾向があります。タイ国債のリスクが高まると、バーツが売られやすいのです。２０１５年8月にバンコク中心部で爆発事件が発生し、また中国人民元が切り下げられると、バーツも大きく売り込まれました。

タイ国債の信用度（カントリーリスク）は、政治的安定度と経済情勢に影響を受けます。今は中期的に改善の兆候をつかみにくい状況です。例えば、ブルームバーグの調査によると、現在の軍事政権は政治的基盤が盤石ではありません。日本の外務省によれば、米国政府が軍事援助を凍結しているなど関係が良くありません。２０１7年に予定されている選挙も

図表27　タイバーツ／円の長期推移

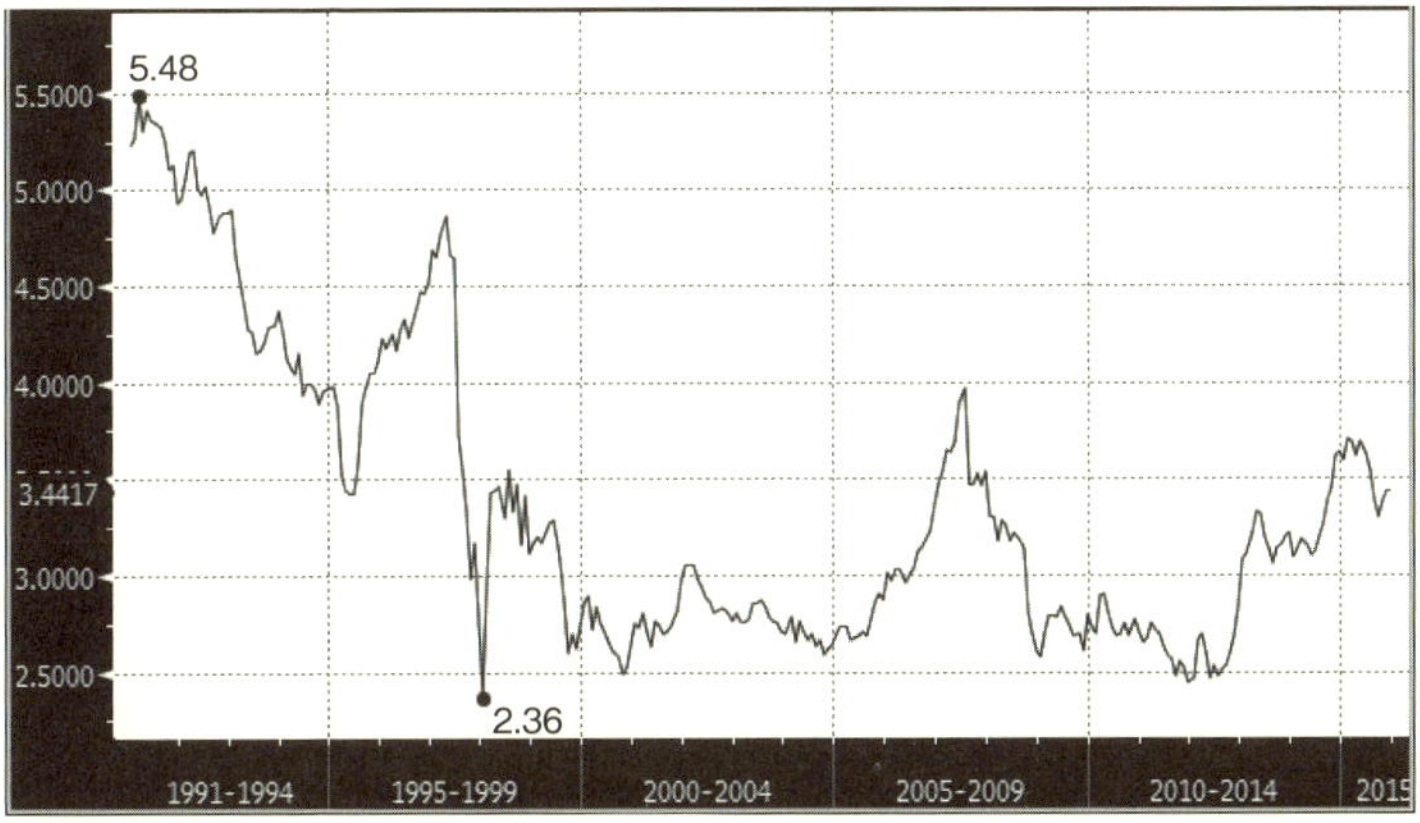

出所：ブルームバーグ

延期との見方がでています。

経済情勢もぱっとしません。タイの国家経済社会開発庁は、２０１５年の経済成長率を８月に下方修正しました。中国人民元の切り下げリスクが燻りやすいため、バーツにも下落圧力がかかりやすいでしょう。

中長期的にも、バーツ／円は長期トレンド線の下をくぐってしまい、バーツ安が長引きやすくなっています。

以上から、長期トレンド値の3・37を割り込む状態が２０１６年も続くようだと、２０１７～２０１８年にかけては、更なるバーツ安が進みそうです。下値の目途は2・73～3・10です。

3-8

小売業にとって中国人民元はなぜ重要なのか？

▼▼衣料、食品、住居およびPB開発に影響するから

小売業における中国の意味は2つあります。第1は衣料、食品およびプライベートブランド（PB）の調達先としての役割です。第2は消費マーケットとしての魅力です。過去十数年にわたり、日本の小売企業はこの2つの視点から中国との取り組みを拡大してきました。

しかし、2つの視点ともに中国の魅力は減少しています。

まず、商品調達先として影響するのは、現地での生産コストと技術、そして日本円での価格競争力です。マスコミでは現地の人件費の高騰や経済不振に伴う工場閉鎖が報道されていますます。しかし、より重要なのは人民元の長期的な分析です。

図表28のように、1980年代前半には1人民元＝136円だったものが、95年頃には1人民元＝10円にまで人民元安（円高）が進みました。つまり、中国製品の価格競争力が10倍以上になったのです。これを見て、中国からの安価商品を目指し、日本のメーカーと流通が動きました。

しかし、中国人民元の価格競争力のピークはすでに過ぎていると思います。先ほど、米ド

図表28　中国人民元／円の長期推移

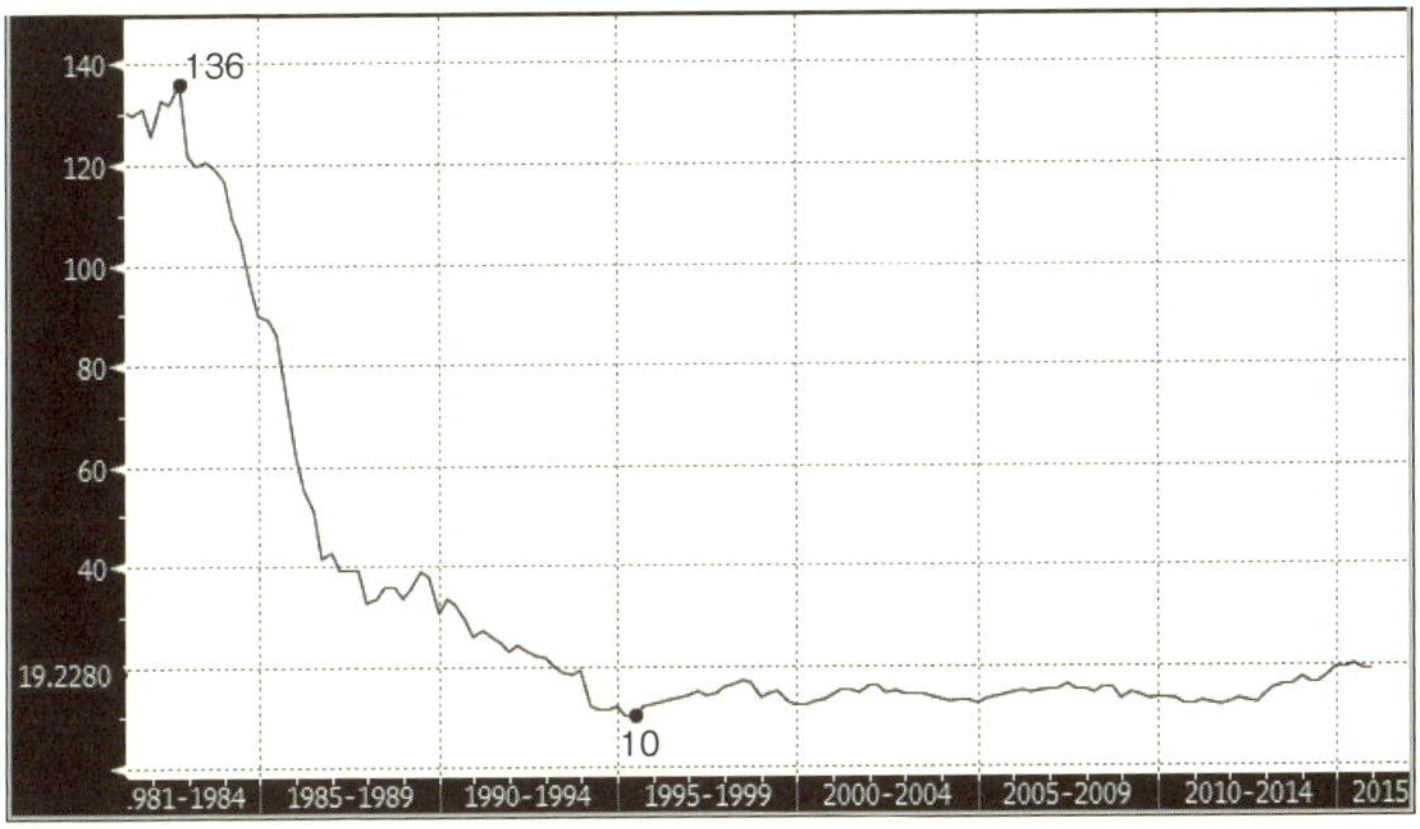

出所：ブルームバーグ

ル／円の分析で説明したように、長期的にはドル高円安が見込まれます。この影響で人民元も長期的に円に対して上昇すると思われるからです。

２０１５年に入り、中国の外貨準備高が減少し始めました。そこで、中国政府は人民元の信用力を維持するため、ＩＭＦ（国際通貨基金）におけるＳＤＲ（特別引出権）の構成通貨への採用を強く求め、実現に漕ぎつけました。

しかし、経済競争力を伴わない通貨価値の維持は歴史的に見て不可能です。今後、中国人民元は長期的に、対米ドルに対しては不安定になると思われます。

3-9 「消費」で今後、注目すべき点は？

▼▼富裕層は株価、一般家庭では所得と物価がポイント

第3の環境指標は「**消費**」です。

2013～2015年の消費は、アベノミクス政策の影響を大きく受けました。消費増税により多くの国民は節約志向を強めています。

一方で株高により、富裕層の購買意欲が高まり、百貨店は高額品の販売が好調です。株式市場の動向は、富裕層の消費を通して百貨店などの売上に影響するだけでなく、広く小売業全体の経営に波及します。

そこで少し、株価の動向を考えてみましょう。株価に最も影響を与えるのは、アメリカの金融政策に対する機関投資家の心理です。今のところ2022年ごろまでゆっくり引き締めが進むと多くの機関投資家が考えています。日本においては、景気回復と日銀の金融緩和継続、さらにオリンピック効果やコーポレート・ガバナンス改革への期待があります。このため2020年までに2万3000～2万7000円に達するかもしれません。

ただし、2016～2017年は要注意です。1～2割の下落はいつでもありえます。特

図表29 2016～2017年にアメリカ株急落に注意

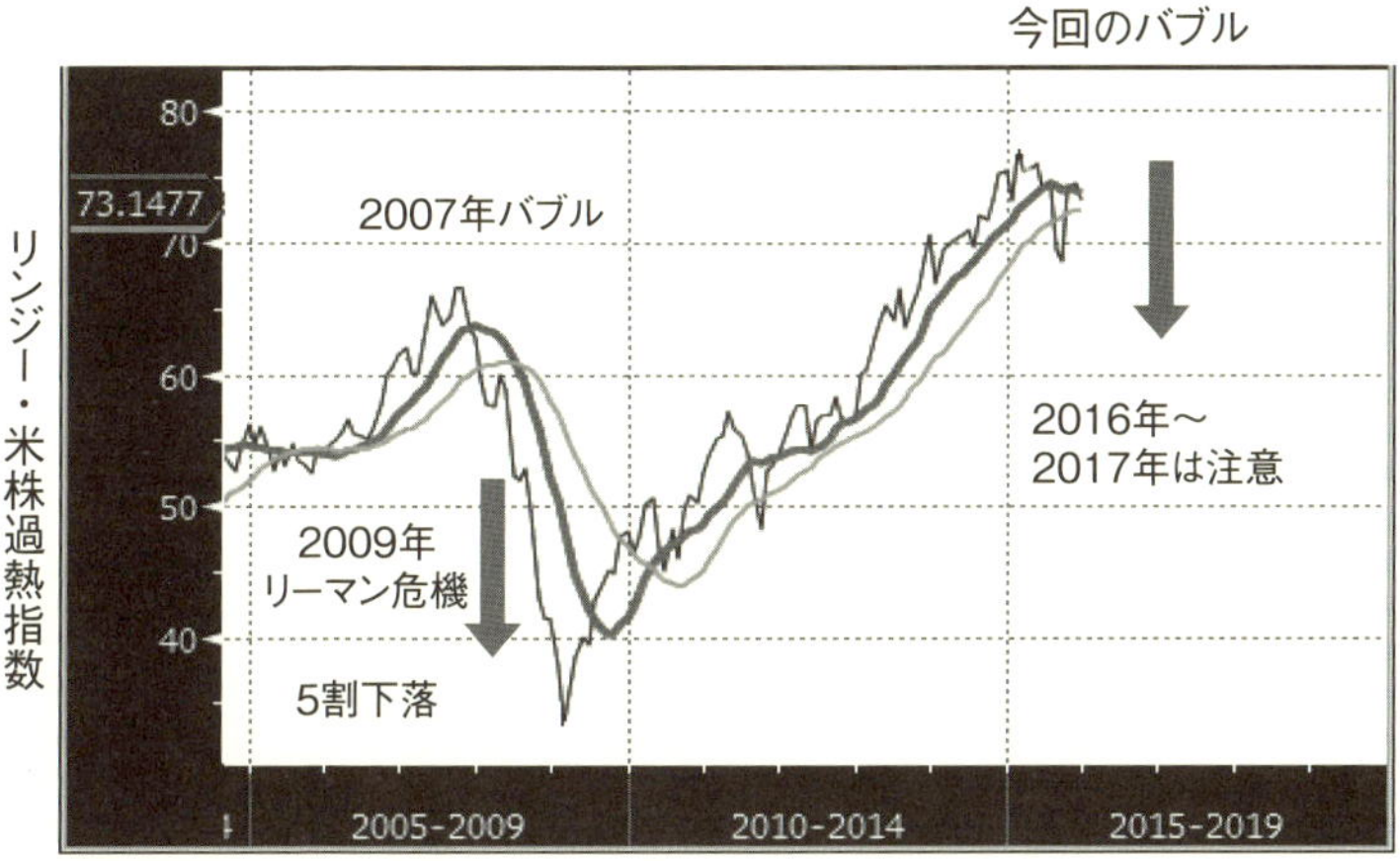

出所：ブルームバーグデータより作成

に気になるのは、アメリカ株式市場の動向です。リーマンショックで大きく下落したアメリカの株価は、ほぼ一本調子で上昇してきました。過熱状況はすでにリーマンショック前の水準をはるかに上回っています。史上最高レベルです。政策金利の引き上げによって、為替や株価は乱高下しやすいでしょう。その他の指標からは、バブル崩壊となるにはまだ時間的余裕がありそうですが、警戒が必要です。

一般家庭の消費についていえば、所得と物価の動きがポイントです。所得については、現在、厳しい状況が続いています。アメリカの景気低迷が長引き、日本の輸出が弱く、残業代も減っているからです。

物価については逆に、円安が食料品価格な

どの大幅な上昇をもたらし、家計にはマイナスに働いています。直近では中国需要の減速などによって原油などエネルギー価格は大幅に下落していますが、中長期的にはエネルギー価格は上昇すると思われます。

物価でもうひとつ重要なのが消費税の動向です。２０１４年に５％から８％へ引き上げられた際には、厳しい所得環境も相まって可処分所得は過去10年間で最悪水準に落ち込みました。

２０１７年の10％への引き上げで再度、消費が悪化する可能性は大きいでしょう。さらに、将来20％へ引き上げられることも視野に入れて、いまから対策を考えておくことが不可欠です。

3-10

「競合」で今後、注目すべき点は？

▼▼コーポレート・ガバナンス改革の影響

第4の環境指標は、「**競合**」です。

競合というと、近隣のライバル店をイメージする人が多いと思います。しかし、構造的に捉えるべきです。今後の競合で影響が大きいのは、コーポレート・ガバナンス改革です。各社の経営戦略そのものに働きかけるからです。

例えば、2015年に大手総合スーパーによる不採算店舗の大量閉店が発表されました。また、ユニーグループとファミリーマートという大手企業同士の統合では、そのプロセスにおいて出資元の商社が厳しい条件を出して難航したと報道されました。

私には、こうした動きとコーポレート・ガバナンス改革が無関係ではないと思われるのです。コーポレート・ガバナンスの強化によって経営者は、株主の視点から収益性の向上を求められています。不採算の事業をそのままにしておくことはできなくなるでしょう。

コーポレート・ガバナンス改革によって今後、小売業の他のセクターでも不採算店舗の閉鎖と企業再編が加速すると思われます。

3-11 これから経営トップに求められる視点は？

▼▼ボトムアップだけでなく、トップダウンの視点が重要

小売企業の社長は、環境変化を踏まえ、今後の経営戦略を考えていかなければなりません。言い換えると、世の中全体の動向と、自社のビジネスをつなげて考えるということです。

「そんなことはすでにやっている」と言う社長は多いでしょう。しかし、実際は日々の現場の動きに一喜一憂し、競合他社と同じことをやっているケースもありそうです。小売企業では、ボトムアップの視点が強すぎるように感じます。それではライバルに勝つことはできず、一緒に負けるだけです。

これから小売企業の社長に求められるのは、トップダウンの視点です。大きな環境変化とそれが自社の経営にもたらす影響を把握し、戦略の方向性を打ち出すのです（図表30）。

例えば、大企業であれば百貨店による街づくりなど自社で市場環境をつくりだすことができます。中堅企業であれば、スピーディーに環境変化に対応できるのが強みです。それぞれの良さを生かす仕組みを、トップダウンでつくるのです。

図表30　社長に必要なトップダウンとボトムアップの視点

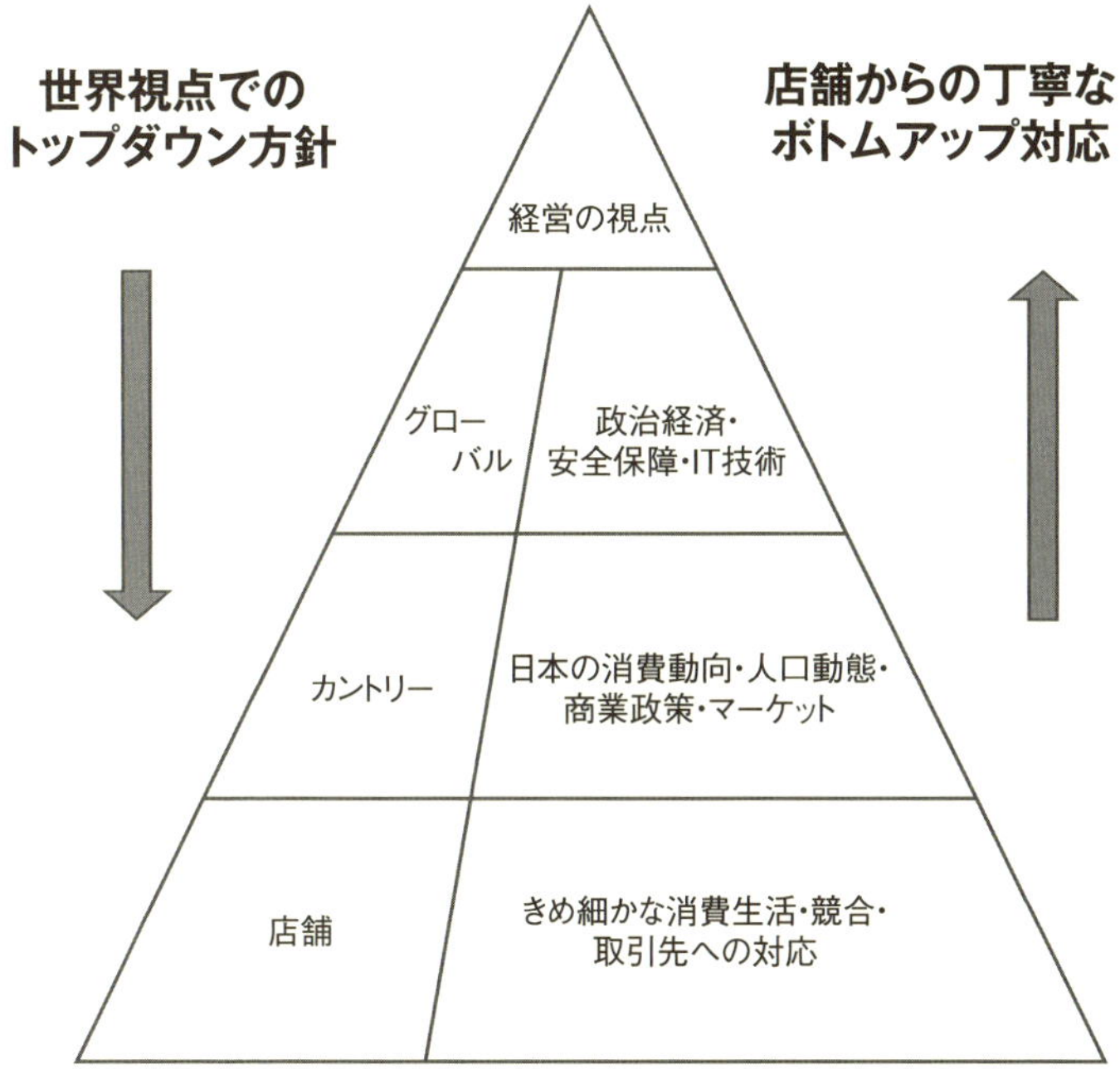

出所：リンジーアドバイス

仕組みとともに、勘も大事です。仕組みで対応する部分と、勘や感性で判断する部分を組み合わせ、明確な方向性を指し示すことが社長の役割といえます。

戦後3回目の大きな変化のときにあたり、社長と幹部の役割は非常に大きいです。幹部の意識改革が、小売企業の将来を決めるといっても過言ではないでしょう。

第4章

「成績指標」で戦略の成果を確認しよう

4-1

これからの経営戦略はどう考えればよいか？

▼▼キーワードは「持続的成長」である

非連続的な環境変化の時代を迎えた小売業にとって、経営戦略の前提となるのは「持続的成長」です。日本企業の目的は長期的な維持・発展そのものにあるからです。

企業は社会的な存在です。商品やサービスを提供するとともに、従業員には雇用の場を与え、株主には配当をもたらすなど、その活動が長期的に持続することが求められています。

そして、企業が長期的な維持・発展を実現するには、

・売上を伸ばすこと（成長性）

・一定の利益をきちんと確保すること（収益性）

・リーマンショックのように時として起こる厳しい逆風に耐える資金があること（健全性）

の3つの条件が不可欠です。

「成長性」「収益性」「健全性」という3つの条件をバランスよく満たすことで、はじめて「持続的成長」が可能になるのです。

この3つから「持続的成長」をとらえると、ROEという株主視点からの収益性だけで考

図表31 「持続的成長」を可能にする3つの条件

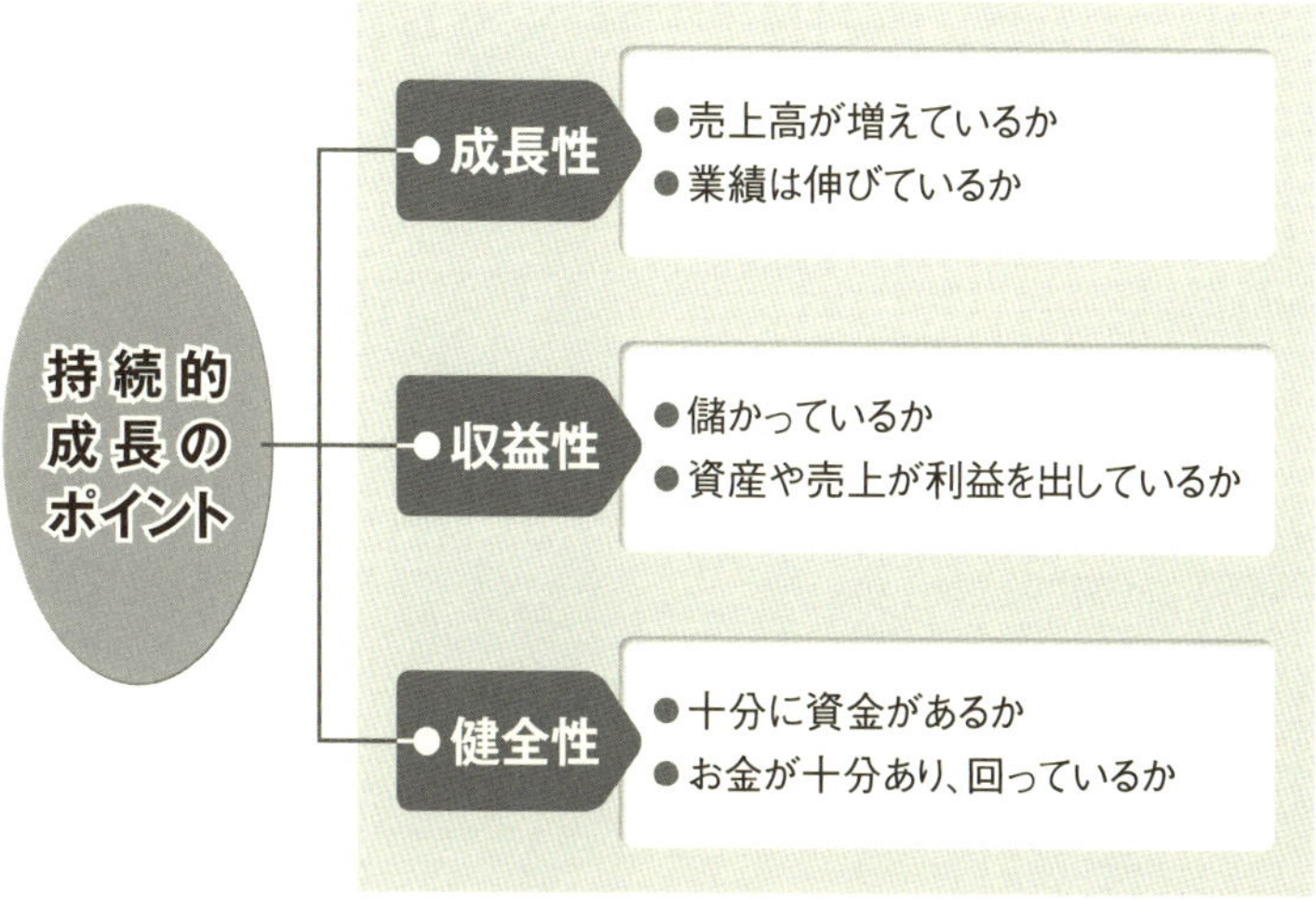
持続的成長のポイント
成長性
●売上高が増えているか
●業績は伸びているか
収益性
●儲かっているか
●資産や売上が利益を出しているか
健全性
●十分に資金があるか
●お金が十分あり、回っているか

出所：リンジーアドバイス

えるのは不十分であることが理解できるでしょう。

また、本書は財務的視点からの企業評価を中心にしていますが、社会性の視点も非常に重要です。

社会性とは、従業員の幸せ、地域社会への貢献、そして自然環境への配慮などです。

社会性は小売業の持続的成長にとって必要条件です。小売企業には社会的責任の発揮が求められているのです。

4-2 業績はどの指標でチェックするのか？

▼▼「成長性」「収益性」「健全性」の3つだ

「持続的成長」を実現するため、具体的にどのような指標を用いて、自社の業績を把握し、あるいは投資家と対話していけばいいのでしょうか。

それは「成長性」「収益性」「健全性」の3つです。それぞれ代表的な例を挙げてみました（図表32）。

「成長性」については、①売上高の前年比伸び率、②売上高の3年間平均伸び率、③設備投資（投資キャッシュフロー）の水準と変化です。

「収益性」については、①総資産営業利益率（営業利益ベースROA）、②自己資本利益率（ROE）、③売上高営業利益率（粗利／売上高、販管費／売上高）、④総資産回転率です。

「健全性」については、①自己資本比率、②有利子負債の水準と変化、③キャッシュ・コンバージョン・サイクル（CCC：売上から現金回収までの日数）です。

これらの指標を用いて、自社の経営をチェックしていきましょう。

図表32 「業績」に関する主な指標

成長性について

① 売上高の前年比伸び率

② 売上高の3年間平均伸び率

③ 設備投資（投資キャッシュフロー）の水準と変化

収益性について

① 営業利益ベースROA（総資産営業利益率）

② ROE（自己資本利益率）

③ 売上高営業利益率（粗利／売上高、販管費／売上高）

④ 総資産回転率

健全性について

① 自己資本比率

② 有利子負債の水準と変化

③ キャッシュ・コンバージョン・サイクル

出所：リンジーアドバイス

4-3 「成長性」の指標はどう使うのか？

▼▼成長が中身を伴ったものかどうかを確認する

売上がどんどん伸び、成長性のある会社は魅力的です。消費者から支持され、取引先からは大事にされ、株主にとっても株価が上がりやすいからです。

全体の売上を増やす方法には、新規出店の拡大、既存店の売上増加、他企業のＭ＆Ａ（合併・買収）などがあります。しかし、成長には中身の充実が伴わなければなりません。

成長性をチェックする指標としては、次の３つが重要です。

①売上高の前年比伸び率

②売上高の３年間平均伸び率

③設備投資（投資キャッシュフロー）の水準と変化

売上高は、有価証券報告書などの中にある「損益計算書」に記載されています（図表33）。ホームページの企業概要などにも必ず載っているものです。

売上高は単年で見るのではなく、前年比の伸び率を何年かにわたって並べて見ます。中期的なトレンドを確認するため、３年間平均伸び率についても、何年か並べてみるとよいでしょう。

　同時に、新規出店や改装などの設備投資にどれくらい資金を投入しているのか、設備投資の水準と変化を照らし合わせます。これには有価証券報告書などの中にある「キャッシュ・フロー計算書」を見ます。

「キャッシュ・フロー計算書」には、「営業活動によるキャッシュ・フロー」「投資活動によるキャッシュ・フロー」「財務活動によるキャッシュ・フロー」の3つの区分があります。

　そのうち「投資活動によるキャッシュ・フロー」の中の「有形固

図表33 「売上高」はここを見る

損益計算書の項目例
売上高
売上原価
粗利益
販売費及び一般管理費
営業利益
営業外収益
営業外費用
経常利益
特別利益
特別損失
税引前当期純利益
法人税等
当期純利益

出所：リンジーアドバイス

図表34 「設備投資」はここを見る

キャッシュ・フロー計算書の項目例

営業活動によるキャッシュ・フロー

- 税引前当期純利益
- 減価償却費
- 法人税等の支払額（マイナス）　など

投資活動によるキャッシュ・フロー

- 有価証券の預入による支出（マイナス）
- 有価証券の払戻による収入
- 有形固定資産の取得による支出（マイナス）
- 有形固定資産の売却による収入　など

財務活動によるキャッシュ・フロー

- 自己株式の取得による支出（マイナス）
- 配当金の支払額（マイナス）　など

出所：リンジーアドバイス

定資産の取得による支出」が、土地や建物、設備などへの投資にあたります（図表34）。

ポイントは、売上高の伸びと投資キャッシュ・フローのバランスです。売上高が安定して伸びるためには、一定の設備投資が不可欠です。しかし、設備投資を積極的に行いながら売上が伸びないのであれば、設備投資のやり方に問題があります。

よくあるのは新業態やニッチマーケットを見つけ、店舗数を急に増やした結果、既存店の競争力が低下し、売上が悪化する現象です。

原因として考えられるのは、開発要員や店長、スタッフが足りなくなっていることです。新任の社長が早急に実績を出そうと焦り、安易な出店を重ねることもあります。ブレーキ役となるべき財務担当役員がモノを言いづらい経営構造も原因です。開発担当役員がノルマを優先して、出店を強引に進める場合もあるでしょう。

そうすると、せっかく出店ペースを加速したのに、2~3年すると不採算店舗の数ばかりが増えてしまいます。3~5年後に出店の見直しを始めたけれど時すでに遅く、5~10年後には大量閉店に追い込まれます。

投資による成長には、M&Aによる企業買収もあります。この場合も、投資した金額に見合う収益の伸びが実現できているかがポイントです。社内の審査機能が弱かったり、社長が規模拡大を優先しすぎると失敗します。

M&Aで成功している企業は、トップ同士の強い信頼関係と理念共有に加え、優れた改善プログラムを持っており、それらを被買収企業に移植しています。投資採算を重視し、非適格店舗を閉鎖することで店舗密度を上げ、店舗網全体を強くすることもあります。地域特性が必要な面を残す一方、強い商品と仕組みを共有化することで、被買収企業の収益を改善させたりもします。

いずれにしろ、成長が中身を伴っているかを確認することが大事です。

4-4 「収益性」の指標はどう使うのか？

▼▼ ROA、ROEはいくつかの要素に分解してバランスを見る

「持続的成長」のためには、儲かっているかどうかを表す「収益性」も重要です。成長していても儲かっていなければ、持続的に繁栄することはできません。

収益性についての指標としては、次の4つが大事です。

①営業利益ベースROA（総資産営業利益率）
②ROE（自己資本利益率）
③売上高営業利益率（粗利／売上高、販管費／売上高）
④総資産回転率

基本となるのは営業利益ベースROAです（図表35）。これは、「営業利益」を「平均総資産」で割って求めます。「営業利益」は「損益計算書」に、「総資産」は「貸借対照表」に記載されています。

ROAは財務指標の中でも、株主、銀行、そして取引先など利害関係者の視点をバランス良く取り込んでいます。特に小売業は社会的役割の高い産業であり、多くの利害関係者の視

図表35 「営業利益ベースのＲＯＡ」はこうして計算する

営業利益ベースの
ROA（Return On Assets）

＝　営業利益　÷　総資産

＝　売上高営業利益率　×　総資産回転率

※売上高営業利益率　＝　営業利益　÷　売上高
※総資産回転率　＝　売上高　÷　前当期の平均総資産

出所：リンジーアドバイス

点で経営しなければならないという意味で、とても重要です。

ＲＯＡを算出するにあたっては税引き後利益を用いることもありますが、ここでは本業の儲けを表す営業利益を重視したいと思います。営業利益は店舗や事業ごとの利益管理にも活用しやすいからです。

ＲＯＡはまた、１００円の売上で何円儲かったかを表す売上高営業利益率（「営業利益」を「売上高」で割ったもの）と、保有している資産を使って何倍の売上を達成したかを表す総資産回転率（「売上高」を「前当期の平均総資産」で割ったもの）の掛け算からも求められます。

主要83社の財務データで小売業全体の営業利益ベースＲＯＡを確認してみましょう。

図表36 収益性指標の推移

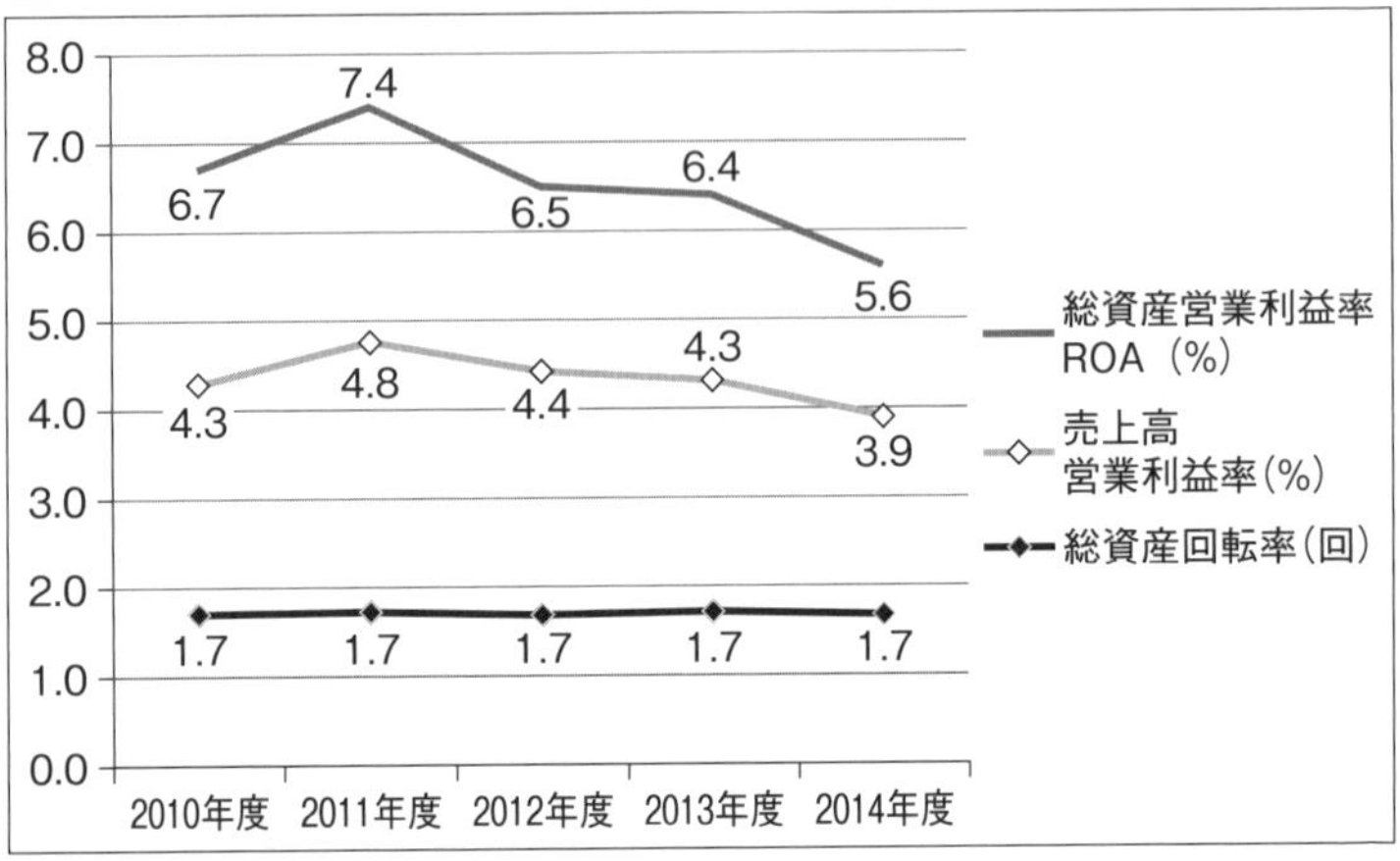

出所：ブルームバーグデータより作成

２０１１年度の７・４％から、２０１２年度に６・５％、２０１３年度に６・４％、そして２０１４年度には５・６％へと低下しています。つまり、小売業は儲からなくなっているのです（図表36）。

この背景には、２０１１年度から２０１３年度にかけて小売各社が毎年２割近く設備投資を増やした結果、同質競争が激しくなり値引きも激しくなり、店舗売上と利益が振るわなくなった事情が窺えます。

ところで、大手小売企業はこれまでＭ＆Ａを積極的に進めてきたこともあり、ひとつの企業の中に複数の業態や事業を持つホールディングス形態をとるところが少なくありません。このホールディングス経営でもＲＯＡによる管理が便利です。例えば、事業会社別、業態別あるいは地域別にＲＯＡを当てはめてみます。そうすれば、在庫、土地、店舗など各種資産の活用状況や一人当たり生産性、また物流費、販促費や値引きなど経費効率も把握しやすくなるでしょう。競争力の変化や採算状況を月別、四半期別そして年度別に数年間比較すれば、社長と幹部は課題がどこにあるのか適切に把握し、タイムリーに対策を打てるはずです。

次に、ＲＯＥ（自己資本利益率）は、損益計算書の「当期純利益」と、貸借対照表の「株主資本」から計算します（図表37）。

ＲＯＥは、株主視点での収益性を表しています。一般に、当期純利益を、前期および当期の自己資本（株主資本）の平均値で割ったものです。

ＲＯＥは、一株当たり当期純利益（ＥＰＳ）と一株当たり純資産額（ＢＰＳ）を用いても表すことができます。

さらにＲＯＥは、１００円の売上高で何円儲かったかを表す売上高当期利益率と、資産をどれだけ活用して売上をつくったかを表す総資産回転率と、他人のお金を使ってどれだけ資産を得たかを表わす財務レバレッジの掛け算に分解することができます。

ここから、ＲＯＥの向上を図るには、売上高当期利益率、総資産回転率、財務レバレッジのいずれかを向上させればよいということになります。

図表37 「ROE」はこうして計算する

ROE（Return On Equity）

＝　当期純利益　÷　自己資本

＝　EPS　÷　BPS

※EPS（一株当たり当期純利益）
＝ 当期純利益 ÷ 発行株式数

※BPS（一株当たり純資産額）
＝ 前当期平均純資産 ÷ 発行株式数

＝　売上高営業利益率　×　総資産回転率　×　財務レバレッジ

※財務レバレッジ ＝ 前当期平均総資産 ÷ 前当期平均株主資本

出所：リンジーアドバイス

図表38 「株主資本」はここを見る

貸借対照表の項目例

資産の部	負債の部
流動資産	流動負債
現金預金	買掛金
売掛金	短期借入金　など
商品　など	固定負債
固定資産	社債
有形固定資産	長期借入金　など
建物及び構築物	負債合計
土地　など	**純資産の部**
無形固定資産	株主資本
ソフトウエア　など	資本金
投資その他資産	利益剰余金　など
	純資産合計
資産合計	負債純資産合計

出所：リンジーアドバイス

例えば、売上高当期利益率を向上させるには、利益率の高い商品を増やせばいいでしょう。総資産回転率を向上させるには、遊休資産を売却すればいいでしょう。財務レバレッジを向上させるには、借入を増やせばいいでしょう。

これらはいずれも相反する面があり、ROEを上げるにはバランスが重要であることを示唆しています。

4-5 「健全性」の指標はどう使うのか？

▼▼長期、中期、短期に分けて財務リスクをチェック

「健全性」は財務体質、安定性、あるいは流動性とも呼ばれます。企業が継続していく上で、十分にお金があるのかを表します。日本企業の目的は長期的な維持・発展そのものですから、財務の健全性は極めて重要です。

しかし、小売業の経営では、この健全性が軽く見られる傾向があります。小売業は日銭が入ってきて資金繰りに困りにくいためです。社長が財務の重要性をよく理解していない場合もあるようです。

健全性を示す指標としては、次の３つが代表的です。

①自己資本比率
②有利子負債の水準と変化
③キャッシュ・コンバージョン・サイクル（CCC：売上から現金回収までの日数）

「自己資本比率」は、貸借対照表に記載されている「株主資本」および「総資産」から計算します。

図表39「自己資本比率」はこうして計算する

自己資本比率

＝　自己資本　÷　総資産

出所：リンジーアドバイス

在庫や店舗など様々な資産をどれくらい自己資本でまかなっているかを表します。自己資本比率が高いほど借入金などへの依存が少なく、長期的な安定性を示すといえます。

なお、自己資本比率の逆数（総資産÷自己資本）が「財務レバレッジ」です。財務レバレッジが大きくなるほど借入金に頼った経営をしていることになります。

次に、有利子負債は、借入金や社債などです。元本を返済しなければなりません。貸借対照表の右側、負債の部の短期借入金、長期借入金、社債などが当てはまります。

有利子負債はその水準（総資産に対する割合）とともに、金額自体が増えているのか減っているのかという変化にも注目すべきです。例えば有利子負債が急に増えているようなら、そ

図表40 「有利子負債」はここを見る

貸借対照表の項目例

資産の部		負債の部	
流動資産		流動負債	
現金預金		買掛金	
売掛金		短期借入金	など
商品	など	固定負債	
固定資産		社債	
有形固定資産		長期借入金	など
建物及び構築物		負債合計	
土地	など	純資産の部	
無形固定資産		株主資本	
ソフトウエア	など	資本金	
投資その他資産		利益剰余金	など
		純資産合計	
資産合計		負債純資産合計	

出所：リンジーアドバイス

の理由や返済の見通しの確認が必要でしょう。

なお、有利子負債との関係でもうひとつ、重要なのが「フリーキャッシュ・フロー」です。フリーキャッシュ・フローは、営業キャッシュフローとして入ってきたキャッシュと、投資キャッシュフローとして出ていったキャッシュの差額です。

フリーキャッシュ・フローがプラスだと、商売が十分にお金を生み出し

図表41 「フリーキャッシュ・フロー」はここを見る

キャッシュ・フロー計算書の項目例

営業活動によるキャッシュ・フロー
税引前当期純利益
減価償却費
法人税等の支払額（マイナス）　など
投資活動によるキャッシュ・フロー
有価証券の預入による支出（マイナス）
有価証券の払戻による収入
有形固定資産の取得による支出（マイナス）
有形固定資産の売却による収入　など
財務活動によるキャッシュ・フロー
自己株式の取得による支出（マイナス）
配当金の支払額（マイナス）　など

出所：リンジーアドバイス

ていることを表します。フリーキャッシュ・フローの黒字が続けば、中長期的に外部から資金を調達する必要がなくなります。

同時に、株価はこのフリーキャッシュ・フローを将来、どのくらい増やせるかによって影響を受けます。大手の投資家の中には、フリーキャッシュ・フローの予測に基づいた理論株価を計算し、実際の株価がそれより割安であれば投資する例もあります。

商品を仕入れてから販売し、現金を回収する日数を意味する「キャッシュ・コンバージョン・サイクル」（CCC）も財務の健全性を見る上で重要な指標です。具体的には、棚卸回転日数と売上債権回転日数の合計から、買入債務回転日数を差し引きます（図表42）。

この数字がマイナスであれば、販売する前に現金が入っていることを意味します。取引先への支払いが売上を現金で受け取った後になるため、余裕資金が生まれやすいのです。

この余裕資金は「回転差資金」と似た概念です。出店などの設備投資に回すことがよくあります。取引先に支払期日を延ばしてもらえば、さらに余裕資金は増えます。上場小売業約80社の2014年度におけるキャッシュ・コンバージョン・サイクルの平均は28日です。小売業は「日銭商売」であり、資金繰りをつけやすいことを示しています。

しかし、これまで数限りなく小売企業が倒産している事実を振り返れば、財務の健全性を甘く見てはいけません。短期的に資金が回っていても、先ほど取り上げた収益性が長期的に悪化すると、毎年の利益が社内に蓄積されにくくなります。次第に資金の余裕が失われます。長期的な視点での経営ができなくなります。小売業は外部環境の変化による事業リスクが高いので、財務リスクは低く管理すべきなのです。

財務が健全で資金余力があれば、次の成長に向けた投資も可能です。現在の大手流通グループには、もともと衣料や呉服専門店からスタートしながら、スーパーマーケット事業やコ

図表42 「キャッシュ・コンバージョン・サイクル」はこうして計算する

CCC（Cash Conversion Cycle）

= 棚卸回転日数 + 売上債権回転日数 − 買入債務回転日数

※棚卸回転日数 ＝ 棚卸資産 ÷ （売上原価 ÷ 365）
※売上債権回転日数
＝（売掛金 ＋ 受取手形）÷（売上高 ÷ 365）
※買入債務回転日数 ＝
＝（買掛金 ＋ 支払手形）÷（売上原価 ÷ 365）

出所：リンジーアドバイス

ンビニエンスストア事業、金融事業、不動産事業などを育て収益構造を変えながら、長期的に発展してきたケースが少なくありません。

これは、財務基盤を強みとして、常に次の成長を考え、研究開発や投資、買収などを進めてきた戦略の賜物です。特に、「キャッシュ・イズ・キング」と言われるように、チャンスであれピンチであれ、ここ一番というときにキャッシュの力は大きいのです。

4-6

投資家との対話はどのように進めればいいのか？

▼▼「成長性」「収益性」「健全性」をバランスよく説明する

株主総会対策と株価上昇には、投資家との対話が不可欠です。対話をスムーズに進めるには、投資家が使用している財務の基本的な枠組みを理解する必要があります。

1つめは、何度も取り上げている「ROE」（自己資本利益率）です。ROEは株主視点での収益性を表します。投資家が最も重視するものです。ROEの目安としては5％と8％があります。その理由は、機関投資家へ議決行使の助言を行う企業と、経済産業省が2014年に公表した「伊藤レポート」が、目安と指摘しているからです。

しかし、小売業各社のROEを確認すると、財務の健全性を確保しつつROEで8％を超えるのは百貨店とドラッグストアの数社に留まります。ROEを上げるため、むやみに自社株買いを行うといった対応は、成長性や健全性に悪影響を与えかねません。

2つめは「株主資本コスト」です。これは、企業が株式市場から資金調達する際の費用です。企業は株主資本コストを上回るROEを株主から求められやすいといえます。

また、借入を含めた資本構造も全体的な資本コストに影響します。小売企業は自社の資本

図表43 「株価」はこうして計算する

株価

= ROE × PER × BPS

※ROE(自己資本利益率) = 当期純利益 ÷ 自己資本
※PER(株価収益率) = 株価 ÷ 一株当たり当期純利益
※BPS(一株当たり純資産額)
　= 前当期平均純資産 ÷ 発行株式数

出所:リンジーアドバイス

コストを把握し、収益性の向上を目指すべきです。

加えて、株価の決定式を知っておくと便利でしょう。株価は、ROEとPERとBPSの掛け算です(図表43)。

ROEは収益性、PERは成長性、BPSは健全性に関係しています。これらの指標をバランスよく改善できれば株価の上昇につながることが分かります。

投資家との対話においては、経営戦略を成長性、収益性、そして健全性の視点でバランスよく説明するとよいでしょう。財務戦略とリンクさせて説明することも重要です。

第5章

2020年に向けて、成長を実現しよう

5-1 小売業の役割と将来は？

▼▼消費者の生活を豊かにする新たなフロントランナーに期待

振り返れば、戦後の百貨店、高度経済成長時代のスーパーマーケット、デフレ期の郊外型量販店と大型ショッピングセンター（ＳＣ）、２０００年代に入ってのＳＰＡなど、その時代その時代に小売業のフロントランナーが登場し、消費市場をリードしてきました。

小売業は、消費者の生活を豊かにするという重要な役割を担っています。小売業が繁栄することは、日本が豊かになり、日本に住む人がより幸福になることに直結しています。今後も新たな小売業のフロントランナーが登場することが期待されます。また、新たな小売業のフロントランナーになる可能性は広がっていると私は考えています。

小売業で成功するには、日々の売上に一喜一憂するのではなく、中長期的な時間軸の視点を持って、計画や戦略を立てなければなりません。

中長期といっても、小売業には様々な業態があり、成長や環境対応のペースなどに差があります。例えば、百貨店は日本の文化と深い関わりがあります。文化の変化はゆっくりで、百貨店の維持発展は１００年以上のスパンでとらえられます。総合スーパーや食品スーパー、コンビニエンスストアは、法律の規制や消費者の変化を背景に、十年単位のスパンで発展しています。景気の波はもっと短く、数年から数カ月程度のスパンで変化しています。ネット通販などはこの変化に対応して台頭しているといえるでしょう。さらに短いスパンで変化するのが、お金や情報の動きです。金融技術と小売業を結びつけるビジネスモデルの本格的な台頭は間もなくでしょう。

もうひとつフロントランナーとなる条件は、激変する外部環境に対応し、自社の強みを磨きながら、「商品力」「店舗力」「接客サービス力」という現場力を高めていくことです。

例えば、近年業績のよい小売企業は、価格と付加価値で競争力のある品ぞろえを強化し、お客様が楽しく買い物できる明るい店舗環境を整えています。単にＰＢ商品を増やすのではなく、在庫回転率などとのバランスを取りながら、店舗に応じた商品開発を進めなければなりません。新規出店を続けていく上でも、店舗・エリア・全体としての収益性が大切です。

5-2 コーポレート・ガバナンス改革で何が変わるのか？

▼▼具体的で透明性の高い経営計画と、投資家への説明が必要に

第3章で、注目すべき政策としてコーポレート・ガバナンス改革を取り上げました。ここでは、その具体的な影響を一緒に考えてみましょう。

コーポレート・ガバナンス改革の本質は、従来のような出店を巡る規制ではなく、経営そのものを変える新しいタイプの規制であるということです。

背景には、政府の強い意志があります。安倍政権による成長戦略の司令塔である経済財政諮問会議は、２０２２年までに年平均３％の経済成長を目標とする『日本再興戦略』改訂２０１４―未来への挑戦―」を発表しました。これは、20年におよぶデフレからの脱却を確実なものとし、日本企業の成長を後押ししようとするものです。

小売業では過去、幾多の倒産や救済合併が繰り返されてきました。投資しても利益を生み出さない店舗が開発され、企業を支えるステークホルダー（利害関係者）から支持を受けにくい事業展開や商品開発が行われました。部下は上司だけを見がちです。社会道徳はもとより契約関係や法律さえ守られない社風が醸成されることもありました。その結果、競争力と

収益性が低下し、財務も悪化。淘汰が起こりました。もちろんこうした企業経営の失敗は小売業に限らず、日本経済に共通する課題といえます。

私が考える日本企業ならではのコーポレート・ガバナンスのポイントは3つあります。

第1は、日本企業の経営目的が、長期の維持・発展そのものにある点です。アメリカの場合、株主の立場による利益最大化と株価上昇が企業の主要目的になっています。しかし、世界から尊敬される長寿企業が多い日本にはそぐいません。

長期発展が大切なのは、会社を支えている全てのステークホルダーにメリットをもたらすからです。例えば、小売業が長期発展すれば、従業員は働く場を維持し、生活の糧を得ることができます。株主は配当や株式売却益を得られます。年金資金の運用にもプラスで、国民の社会保障を支えます。地域住民は生活インフラと豊かさを楽しめます。

ただ、常に関係者の利害が一致するとは限りません。そこで**第2**のポイントとして関係者の利害調整が必要になってきます。関係者にはお客様、株主、従業員、取引先などがあります。それぞれの意見や要望を聞きつつ、バランスをとることが経営者には求められます。

さらに、この利害調整を適切に行うために必要となるのが、**第3**のポイントとしての仕組みです。仕組みが整備されていないと、企業内部の意思決定がいびつになり、外部への情報開示も少なく、適切な意思決定が妨げられます。

政府が打ち出しているコーポレート・ガバナンス改革は、このポイントを踏まえています。日本企業の活性化を促し、日本経済の成長と発展を目指そうとするものです。ガバナンスは経営者と幹部のあり方を変えます。財務視点を明確に意識する必要性が強まります。経営戦略と事業計画の成果について、投資家と積極的にコミュニケーションを図っていかなければなりません。

これまでの小売企業の経営計画は、経営企画部がつくったプランをそのまま用いるなど、「絵に描いた餅」が多かったのではないでしょうか。しかし、これからは具体的な財務指標の数値を掲げ、どのようにそれを達成するかが問われます。達成できない場合には当然、原因究明と対策が求められます。「計画は立ててみましたが、諸般の事情でうまくいきませんでした」では済まないのです。

また、重要なのは短期的な成果ではなく、中長期的な成長です。小売企業もこれからは5～10年先を視野に入れた計画と戦略が重要になります。まさに、コーポレート・ガバナンス改革によって、小売企業の経営は大きく変わっていくでしょう。

5-3

東証「コーポレートガバナンス・コード」とはどんなものか？

▼▼５つの基本原則、30条の原則、38項の補充原則という三層構造からなる

コーポレート・ガバナンス改革で、上場企業に直接的な影響をもたらすのが東証の「コーポレートガバナンス・コード」です。

コーポレート・ガバナンス、すなわち企業統治についてはもともと、会社法や金融商品取引法などの法令による規定があります。また、上場企業に対しては各証券取引所による上場規程もあります。いずれも基本的に、企業価値の向上、持続的な成長に向けて自律的な対応を促すものです。

東証もすでに、２００６年3月から「コーポレート・ガバナンスに関する報告書」制度を導入していました。今回は政府の方針に基づき、新たな「コーポレートガバナンス・コード」を策定し、それに従った報告書の提出を求めることになったのです。

新しい「コーポレートガバナンス・コード」は、日本企業の実情などにも沿って、かつ国際的にも評価が得られるようにするために策定されました。具体的には5つの基本原則と、それに紐づく30条の原則、38項の補充原則という三層構造になっています。

また、適用にあたっては、「プリンシプルベース・アプローチ」と「コンプライ・オア・エクスプレイン」という2つのルールが採用されています。

「プリンシプルベース・アプローチ」は、抽象的で大づかみな原則（プリンシプル）について、その趣旨・精神の共有を求めるものです。その上で、自社がどういうルールをつくったらよいかを考えます。そして、原則に適合しているかどうかを自社で判断・評価します。

「コンプライ・オア・エクスプレイン」とは、各社の事情を尊重するということです。自社の事情に照らして実施することが適切でないものがあると考える場合、実施しない理由を十分に説明することにより、実施しないこともできるというものです。

経営トップは説明責任を果たす必要があります。また、持続的成長に向けて、迅速・果断な意思決定を行うという、「攻めのガバナンス」の実現が期待されています。

持続的な成長と中長期的な企業価値の向上のために、本気で取り組むことが求められているのです。

図表44 東証「コーポレートガバナンス・コード」の基本原則

【株主の権利・平等性の確保】

1．上場会社は、株主の権利が実質的に確保されるよう適切な対応を行うとともに、株主がその権利を適切に行使することができる環境の整備を行うべきである。

　また、上場会社は、株主の実質的な平等性を確保すべきである。

　少数株主や外国人株主については、株主の権利の実質的な確保、権利行使に係る環境や実質的な平等性の確保に課題や懸念が生じやすい面があることから、十分に配慮を行うべきである。

【株主以外のステークホルダーとの適切な協働】

2．上場会社は、会社の持続的な成長と中長期的な企業価値の創出は、従業員、顧客、取引先、債権者、地域社会をはじめとする様々なステークホルダーによるリソースの提供や貢献の結果であることを十分に認識し、これらのステークホルダーとの適切な協働に努めるべきである。取締役会・経営陣は、これらのステークホルダーの権利・立場や健全な事業活動倫理を尊重する企業文化・風土の醸成に向けてリーダーシップを発揮すべきである。

【適切な情報開示と透明性の確保】

3．上場会社は、会社の財政状態・経営成績等の財務情報や、経営戦略・経営課題、リスクやガバナンスに係る情報等の非財務情報について、法令に基づく開示を適切に行うとともに、法令に基づく開示以外の情報提供にも主体的に取り組むべきである。

　その際、取締役会は、開示・提供される情報が株主との間で建設的な対話を行う上での基盤となることも踏まえ、そうした情報（とりわけ非財務情報）が、正確で利用者にとって分かりやすく、情報として有用性の高いものとなるようにすべきである。

【取締役会等の責務】

4．上場会社の取締役会は、株主に対する受託者責任・説明責任を踏まえ、会社の持続的成長と中長期的な企業価値の向上を促し、収益力・資本効率等の改善を図るべく、

（1）企業戦略等の大きな方向性を示すこと

（2）経営陣幹部による適切なリスクテイクを支える環境整備を行うこと

（3）独立した客観的な立場から、経営陣（執行役及びいわゆる執行役員を含む）・取締役に対する実効性の高い監督を行うこと

をはじめとする役割・責務を適切に果たすべきである。

こうした役割・責務は、監査役会設置会社（その役割・責務の一部は監査役及び監査役会が担うこととなる）、指名委員会等設置会社、監査等委員会設置会社など、いずれの機関設計を採用する場合にも、等しく適切に果たされるべきである。

【株主との対話】

5．上場会社は、その持続的な成長と中長期的な企業価値の向上に資するため、株主総会の場以外においても、株主との間で建設的な対話を行うべきである。

経営陣幹部・取締役（社外取締役を含む）は、こうした対話を通じて株主の声に耳を傾け、その関心・懸念に正当な関心を払うとともに、自らの経営方針を株主に分かりやすい形で明確に説明しその理解を得る努力を行い、株主を含むステークホルダーの立場に関するバランスのとれた理解と、そうした理解を踏まえた適切な対応に努めるべきである。

出所：東京証券取引所

5-4

ROEや政策保有株についてどう対応したらいいのか？

▼▼目先の対応ではなく経営全体のバランスが重要

コーポレート・ガバナンス改革は、上場企業に多くの影響を及ぼします。財務戦略で注目されるのはROE（自己資本利益率）の改善と政策保有株の見直しです。

「コーポレートガバナンス・コード」の原則5－2では、経営戦略や経営計画の策定・公表について次のように定めています。

【原則5－2．経営戦略や経営計画の策定・公表】

経営戦略や経営計画の策定・公表に当たっては、収益計画や資本政策の基本的な方針を示すとともに、収益力・資本効率等に関する目標を提示し、その実現のために、経営資源の配分等に関し具体的に何を実行するのかについて、株主に分かりやすい言葉・論理で明確に説明を行うべきである。

図表45 **セクター別のROE推移**

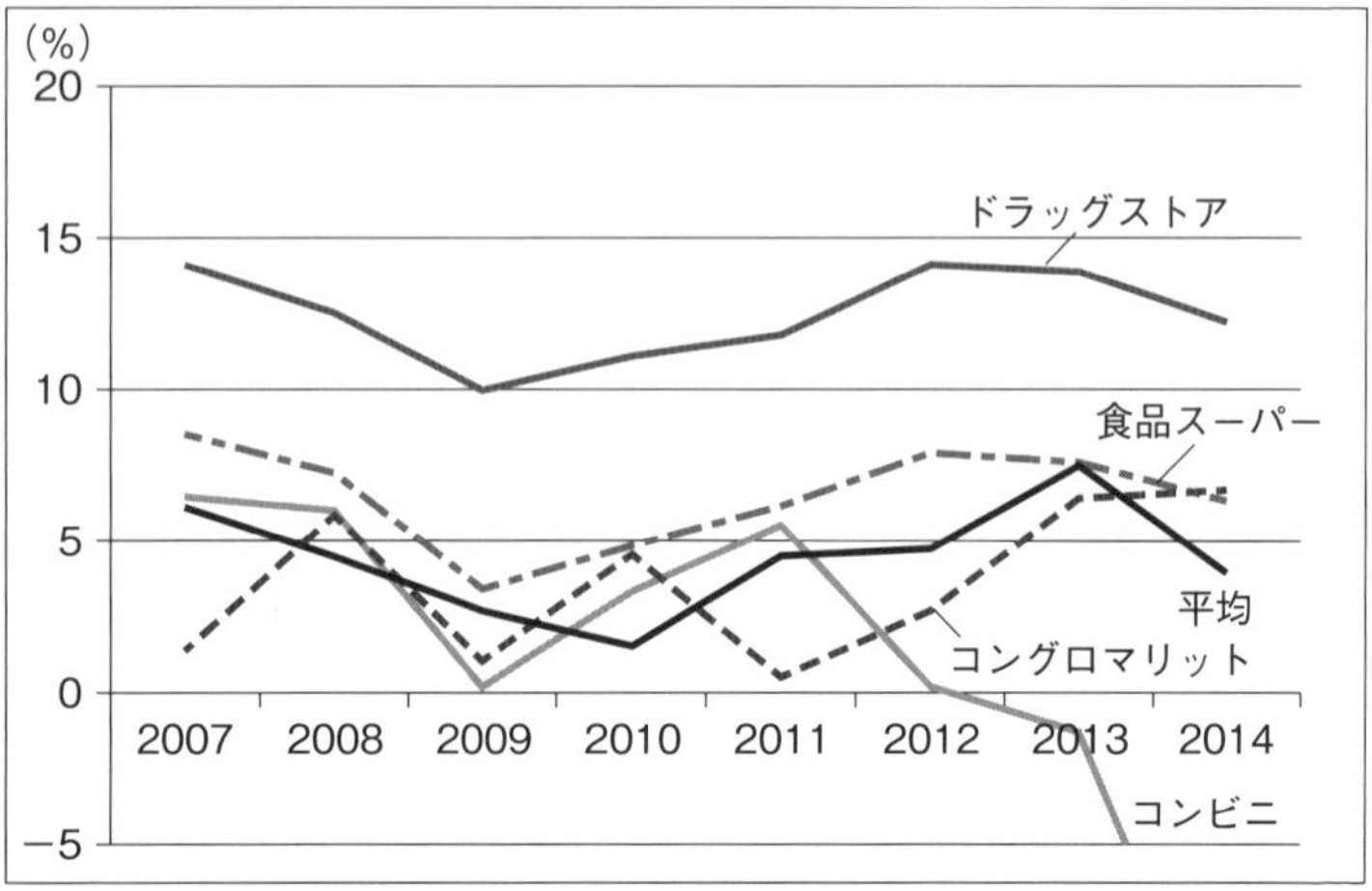

出所：ブルームバーグデータより作成

ここでいう「収益力・資本効率等に関する目標」の具体例がROEです。このROEが昨今、財務戦略の基本として注目されています。

例えば、機関投資家はROEを議決権行使の判断基準に使い始めています。機関投資家へ議決権行使の助言を行うある企業は、取締役の選任に際し、過去5年の平均ROEが5%を下回った場合は、直近のROEが5%以上で改善傾向になければ、選任反対の推奨を行っています。

また、経済産業省が発表した「伊藤レポート」はROE8%を最低限とすべきとしています。しかし、ROE8%基準を小売業に当てはめてみると、これを満たす上場企業はコンビニとドラッグストアなどの一部に過ぎません。

そもそも業績が低迷する中で、ROEを引き上げるためだけの目的で、むやみに自社株買いを行うような財務戦略には首を傾けざるを得ません。ROEの向上はあくまで経営全体のバランスの中で計るべきであり、ROEの向上が目的化するのは本末転倒というべきでしょう。

東証の「コーポレートガバナンス・コード」には、政策保有株式の規定も盛り込まれています。

【原則1－4・いわゆる政策保有株式】

上場会社がいわゆる政策保有株式として上場株式を保有する場合には、政策保有に関する方針を開示すべきである。また、毎年、取締役会で主要な政策保有についてそのリターンとリスクなどを踏まえた中長期的な経済合理性や将来の見通しを検証し、これを反映した保有のねらい・合理性について具体的な説明を行うべきである。

上場会社は、政策保有株式に係る議決権の行使について、適切な対応を確保するための基準を策定・開示すべきである。

政策保有株式とは、「持ち合い株」のことです。日本ではかつて、銀行と企業、あるいは企業同士の間で株式の持ち合いが多くありました。これが特に海外の投資家から資本効率の点で問題視されてきました。

会計基準が時価評価に移行するにつれ、株式相場の下落が決算に悪影響を与えるのを避けるため次第に持ち合いは解消されてきています。今回の「コーポレートガバナンス・コード」ではさらに一歩踏み込んで、政策保有株式の経済合理性や将来の見通し、政策保有株式に係る議決権の行使基準まで開示しなければならないのです。結果的に、一層の持ち合い解消が進むとみられています。

しかし、自社の持続的成長の視点からすれば、必ずしも他社と同じようにむやみに政策保有株式を減らせばいいというわけではないでしょう。取引先との関係において、競合他社が持ち合いを減らすのであれば、敢えて自社は持ち合いを維持ないし増やすという選択もありえます。大事なのは経営戦略に基づく差別化であって、競合と歩調を合わせることではありません。

5-5

社外取締役についてはどう考えればいいのか？

▼▼会社に合った人物を選び、コミュニケーションを図り力を引き出す

「コーポレートガバナンス・コード」では、基本原則のひとつである取締役会等の責務として「独立した客観的な立場から、経営陣（執行役及びいわゆる執行役員を含む）・取締役に対する実効性の高い監督を行うこと」を挙げています。そして、社外取締役の人数として最低2名、望ましい水準として取締役の3分の1という数値を掲げています。

社外取締役の役割は、一般株主の代わりに客観的な意見を述べ、経営者を業績拡大、企業価値増大、そして社会的使命の実現に導くことです。具体的には、買収や投資など大きな案件について担当者の説明が不十分な場合、専門家の意見と追加の説明を求める義務があります。議案が一般株主の利益を損なうと思われる場合には、経営者に再考を促す必要もあります。

小売業をはじめ多くの日本企業では従来、取締役会が経営を担い、監査役や監査役会がそれをチェックする組織体制をとってきました。しかし、それでは不十分であるということで、社外取締役による監督機能の強化が求められているわけです。

小売企業としてどう対応すればいいのでしょうか。

社外取締役の活用に成功したのは良品計画です。2001年8月中間期に、経営不振から38億円の赤字に陥った当時、社長に就任した松井忠三氏は再成長を目指し、助言者としてしまむらの藤原秀次郎氏と吉野家の安部修仁氏らを社外役員に迎え入れました。経営経験の豊富な社外役員の力もあり、同社は2007年度には経常利益が186億円まで回復。その後も素晴らしい発展を遂げています。

良品計画でも社外役員を迎えた当初、戸惑いや苦労があったようです。しかし、取締役会ではざっくばらんに感情を交えて本音で話すようにしたら、本質的な議論ができるようになったといいます。

幾つかの調査によると、経営者と社外取締役との間には認識の違いがあることが指摘されています。例えば、社外取締役は取締役会に向けた準備、事務局との打ち合わせ、監査役との情報交換、社長とのコミュニケーションなどに毎月平均15時間かかるそうです。会社の発展を考え助言することは、精神的にも負担が重い仕事です。経験者からは、非常勤で外部の立場であるため、会社の内情が分からず苦労したという話も聞きます。

一方、経営者の認識はやや異なります。社外取締役にそんなに時間が必要なはずはなく、取締役会当日に資料を配布し、そこで説明と承認を得れば良いとの意見が聞かれます。また、社外取締役から、成長に役立つ実践的な助言がもっと欲しいようです。

こうした話からは、社外役員を活用するポイントが見えてきます。まず大切なのは、会社に合った人物を選ぶことです。企業理念と創業者精神を尊重し、信頼できる人柄は不可欠です。企業の成長ステージと実態に合ったアドバイスをしてくれることも大切です。

次に、社外役員を選んだ後、経営者はフォーマル・インフォーマル両面で社外取締役との意思疎通を図るべきです。本業を抱えて忙しい社外取締役の力を引き出すには、その活動をサポートすることが欠かせません。

もちろん課題もあります。日本を代表する大手企業で利益操作の報道が最近もありました。この企業はコーポレート・ガバナンスに積極的に取り組んでいる企業として知られていただけに、ビジネス界に与えた衝撃は大きいものがありました。社外役員を依頼された人たちも、改めて責任の重さとリスクを感じたことでしょう。

いくら形を整えても、限られた情報と時間しかない場合、社外役員が会社の実態を把握するのは困難です。表面的で形式的な社外役員を求めるのではなく、責任の重さと時間に見合った報酬、サポートの充実が望まれます。そして、一番重要なのは密で誠実なコミュニケーションを取ろうとする経営者と幹部の姿勢だと思われます。

5-6 ビッグデータ時代の背景には何がある？

▼▼データ量の爆発的増加、ネット通販の普及、ITコストの低下など

データというと近年、「ビッグデータ」が注目されています。

ビッグデータとは、通常の分析ソフトや人間の能力を超えるデータのことです。これが注目される背景にあるのは、データ量の急増です。総務省の調査によれば、2005年から2013年の8年間で、社会に流通するデータ量は約9倍にもなりました。

また、ネットで商品を選び、購入する消費者が増えています。例えば、CD／DVD／BD類はすでに、実店舗よりネットで買う割合が上回ります。書籍や小型家電もネットでの購入割合が20％を超えています。

さらに、企業のITコストが過去4～5年で3～5割も低下しました。これにより、データの収集や処理が少ないコストで簡単にできるようになっています。

データはいまや、ヒト、モノ、カネと並んで、経営に欠かせない資源のひとつになっています。

図表46 データ流通量の推移

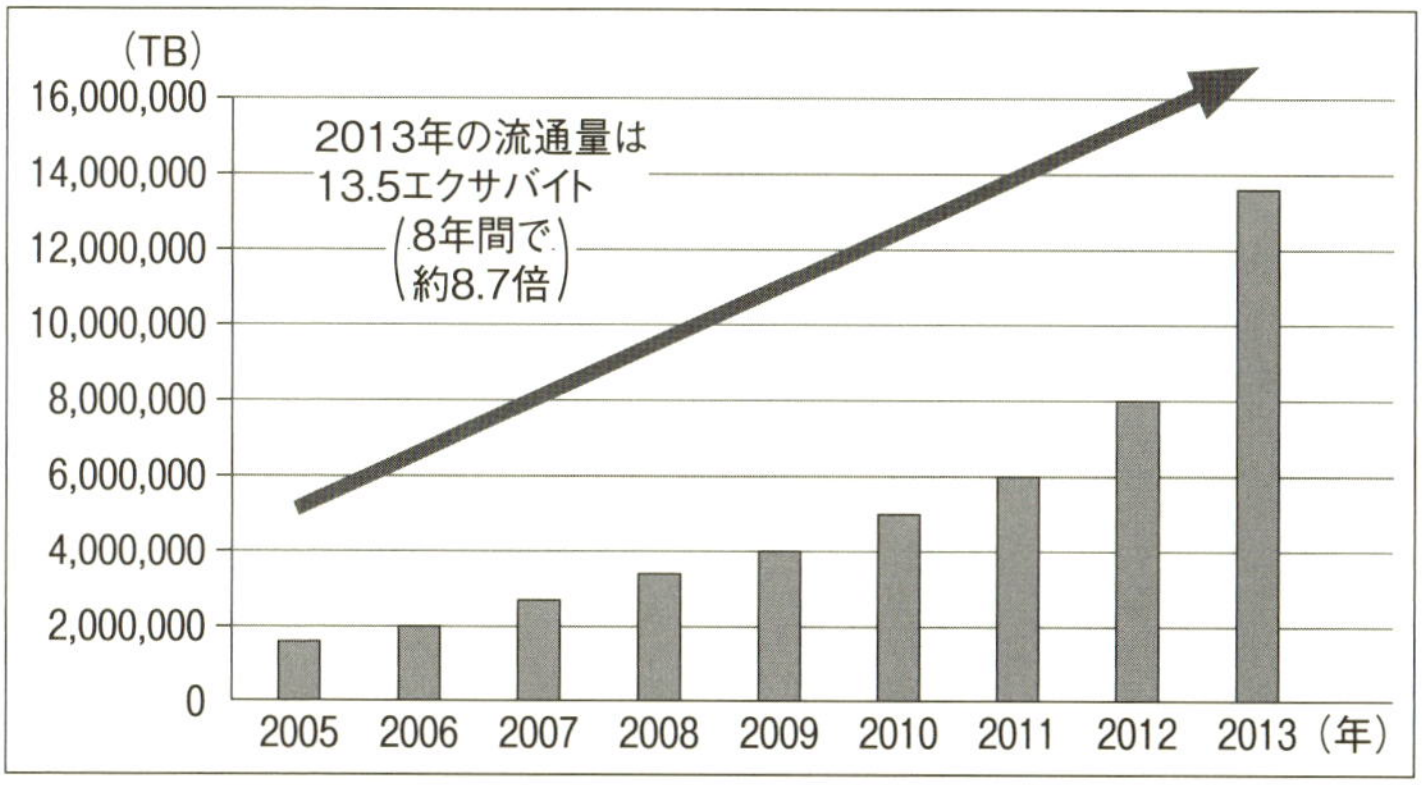

出所：総務省　平成26年版　情報通信白書　ウェブサイト　最終アクセス　2014.7.23
http://www.soumu.go.jp/johotsusintokei/whitepaper/ja/h26/html/na000000.html
(注)：エクサバイト(EB)：データ容量の単位で10^{18}バイト　キロバイト<メガバイト<ギガバイト<テラバイト<エクサバイト<ゼタバイト<ヨタバイトの順に3乗ずつ大きい

図表47 インターネットによる購入割合

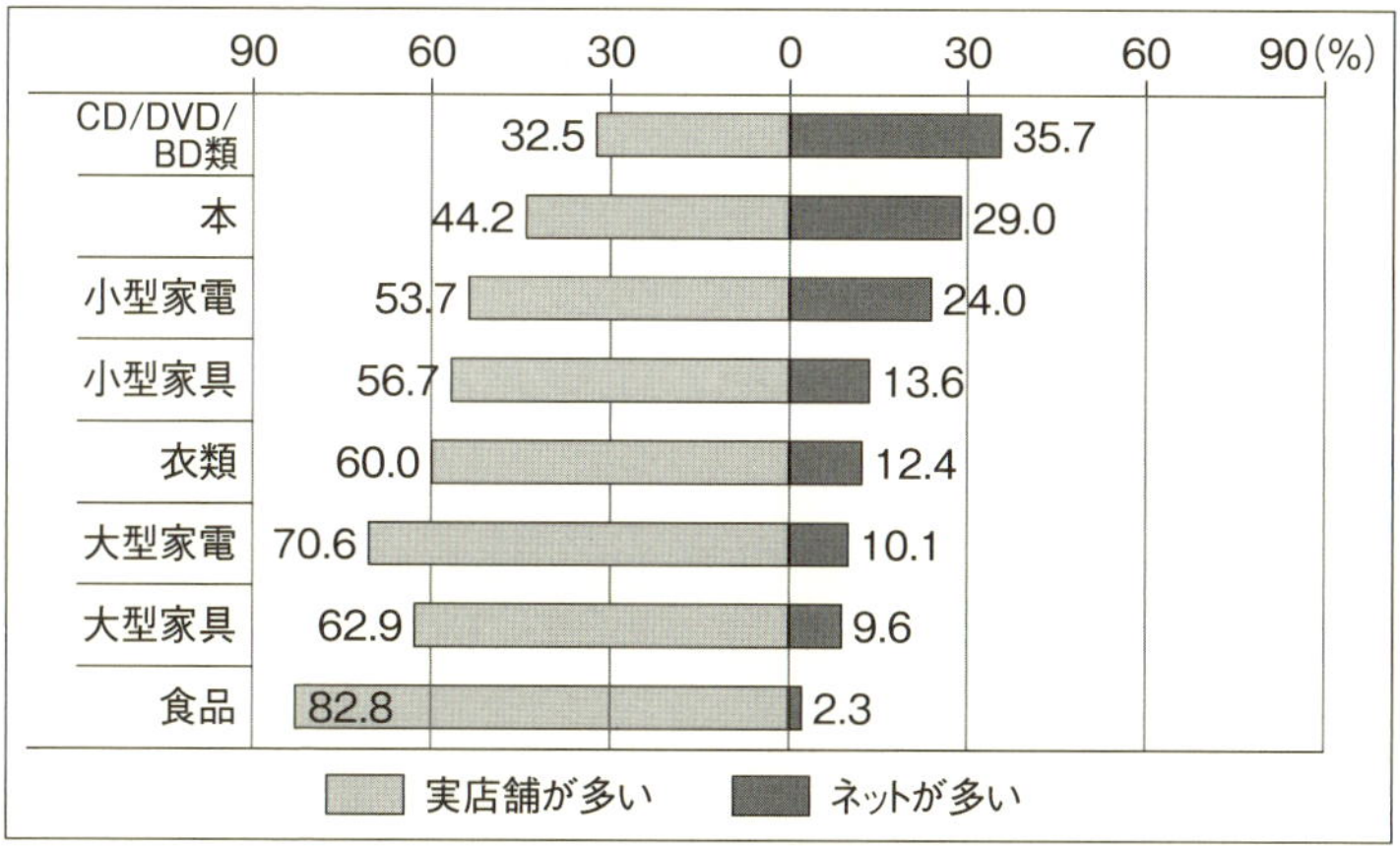

出所：総務省　平成26年版　情報通信白書　ウェブサイト　最終アクセス　2014.7.23
http://www.soumu.go.jp/johotsusintokei/whitepaper/ja/h26/html/na000000.html

5-7

ビッグデータに問題はないのか?

▼▼あまりに情報量が膨大で、扱いきれないケースが多発

ビッグデータが注目されるようになった一方、小売業の現場では問題が発生しています。ある企業では、社長が「これからはビッグデータの時代だ」ということで、1カ月で役立つ情報を部下に求めたところ、IT企業への支払いだけが増え、目ぼしいアイデアは出てこなかったといいます。

別の企業では、データ分析を専門とするコンサルタントを中途採用したところ、理屈ばかりこねて同僚になじまず、すぐ退社してしまったそうです。

ビッグデータで「この商品を買う人は、こちらの商品も買う確率が高い」といった個々の事象の相関関係は特定できます。しかし、因果関係までは分かりません。ビッグデータだけでは、経営に役立てることが難しいのです。

こうした試行錯誤から、データ活用の本質的な課題が見えてきたように思います。

社長と幹部は、部下へ短期間に成果を求めてはいけません。データの収集、分析のためのスキルの蓄積、それを土台にしたアイデアの組み立てには、時間がかかります。データ活用

には「継続と蓄積」が必要なのです。

データ分析の担当者には、商品や店舗運営の経験が不足しがちです。データ処理の技術がいくら高くても、小売業の現場を知らなければデータの意味を深く理解することはできません。

また、意味のあるデータ分析には1～3年程度かけて変化を追う必要があります。すぐ答えを出そうとするのではなく、現場視点での問題意識と、仮説を立てての継続的な分析が必要です。

結局、「ビッグデータ」という言葉に踊らされ、たくさん情報を集めるだけでは早晩、取り組みは壁にぶつかるでしょう。

5-8 小売業はデータ革命とどう向き合えばいいのか？

▼▼大切なのはスモールデータの活用

小売業の経営で重要なのはむしろ、「スモールデータ」です。スモールデータとは筆者の造語で、量的に人間が処理できるデータのことです。消費動向についてであれば月次の失業率、残業時間などです。業績についてであれば、週次、月次、年次の売上や粗利益の金額などがスモールデータにあたります。

これらは明らかに、ビッグデータより扱いやすいはずです。簡単な統計データを集めて並べてみたり、表やグラフとして視覚化できます。そこに一般に言われているロジックを当てはめ、因果関係の仮説を立ててみます。そして一定期間、データを追いかけてみるのです。

ロジックの理解は特に重要です。例えば、国内の消費が増えるには、基本賃金やボーナス、残業代が伸びなければなりません。基本賃金などが伸びるには、国内工場の稼働率アップが必要です。工場の稼働率がアップするには、在庫の減少が前提となります。それには、輸出の伸びが欠かせません。輸出の伸びは、特に米国の景気が左右します。こうしたロジックに沿ってデータを継続的に集め、分析してみるのです。

図表48 年代別失業率の変化(2015年夏)

	失業率(%)	過去変化幅(%)			
		1カ月	3カ月	6カ月	1年
男性　15～24歳	7.5	0.1	0.7	0.7	－0.1
男性　25～34歳	4.7	0.2	－0.3	－0.6	－0.7
男性　35～44歳	3.1	－0.1	－0.4	－0.3	－0.6
男性　45～54歳	2.9	－0.1	0.2	－0.3	－0.5
男性　55～64歳	3.6	0.0	－0.1	－0.3	－1.0
女性　15～24歳	5.4	1.0	0.2	－0.7	－1.6
女性　25～34歳	4.8	0.4	0.4	0.3	－0.7
女性　35～44歳	3.4	－0.2	－0.1	0.1	－1.0
女性　45～54歳	3.1	－0.5	0.1	0.0	－0.4
女性　55～64歳	2.6	0.1	0.1	－0.4	－0.3

出所：総務省データより作成

例えば、2015年夏における失業率の変化を男女別・世代別に並べてみると、男女ともヤングファミリー層で失業率が悪化していること、逆に40～50歳代は仕事が増えていることが読み取れます。ここから、ヤングファミリー層向けのファストフードなどが苦戦している理由が見えてきます。

データをうまく活用している企業はまだ少数です。データを戦略の立案や修正に生かせば、差別化と競争優位に結びつけられます。指標によって組織内での戦略の浸透が促進されれば、業績は改善するはずです。

5-9 TPPは小売業にどのような影響があるのか?

▼▼業種・業態で影響は様々だが、大きなチャンスであることは間違いない

2010年3月に8カ国でスタートしたTPP（環太平洋戦略的経済連携）協定交渉は、その後、日本を含む12カ国に範囲を広げ、2015年10月に大筋合意に達しました。これも、小売業や食品メーカーなどに大きな影響を与える政策の変化といえるでしょう。

TPP協定は、アジア太平洋地域における経済一体化の動きです。モノの関税だけでなく、サービス、投資の自由化を進めます。さらに知的財産、金融サービス、電子商取引、国有企業の規律など幅広い分野に及びます。21世紀型の経済連携協定です。

参加各国は今後、大筋合意した協定案について、各国ごとの国内手続きに入ります。全ての原署名国の国内手続きが完了した旨が通知されてから60日後に発効となります。順調に進めば今後1～2年で効力が生じることになります。また、協定案への署名から2年たっても国内手続きが完了しない国があった場合、12カ国のうち6カ国以上で、かつ域内に占める国内総生産（GDP）の割合が計85％以上の国々で手続きが完了した旨を通知すれば発効します。

TPPの影響については、まだ明確になっていない部分もあります。しかし、農林水産業

や製造業はすでに情報収集に走り出しています。現状で考えられる小売業や食品メーカーに与える影響について整理してみました（図表49）。

第1に、ＴＰＰ協定の影響は一時的なものではなく、20～30年単位の長期的なものです。特に農林水産業や食品を含む製造業にインパクトを与えます。特に地方の消費に大きな変化をもたらします。原材料の関税が段階的に削減されるため、食品2次加工メーカーと食肉加工メーカーはコスト削減の恩恵を受けるでしょう。他方、国内農産地の景気が悪化し、飼料の需要は減少するでしょう。高齢化が進んでいる農家と中小メーカーの廃業が増え、様々な形の再編が起きるはずです。上位メーカーはシェア引き上げのチャンスです。

第2に、日本とアメリカ、そして環太平洋地域の経済統合が進みます。小売業にとってこれら各国マーケットとの関係がより緊密なものになります。例えば、東南アジア諸国ではこれまで外資による流通業への進出には厳しい規制がありました。日本の小売企業は思うような展開ができませんでした。しかし、これからは確実にビジネスチャンスが広がります。クールジャパン、日本食ブームなども追い風になるでしょう。

第3に、国内において食品の安全性への関心が高まります。価格が高くても安心できる付加価値型の差別化商品へのニーズが強まるでしょう。一方、商品開発力の乏しい企業や設備投資ができない企業はやっていけなくなります。産業再編の動きが加速するはずです。

図表49 ＴＰＰによる食品メーカーおよび小売業への影響

1）業界の混乱と再編	原材料の関税が段階的に削減され、食品2次加工メーカーと食肉加工メーカーはコスト削減の恩恵を受ける。一方、国内農産地の景気悪化、飼料需要が減少しよう。高齢化が進んでいる農家と中小メーカーの廃業も増え、大きな時代の変化による再編が起きよう。上位メーカーはシェア引き上げのチャンス
2）消費者への対応強化が必要	残留農薬など食品の安全性への関心が高まるので、価格が高くとも安心できる付加価値型の差別化商品の開発が重要になる。メーカーは、商品開発力と工場刷新の強化が重要
3）関税適用における原産地規則への対応に注意	加工品の輸出入にあたっては、原材料と中間品の調達先と生産拠点の場所の確認に注意が必要
4）食品衛生管理の対応強化が必要	TPP域内市場に展開する場合、HACCPなど国際基準の徹底が必要となる。国内の工場と厨房では、人手不足から生産管理が大変で、異物混入や食中毒も起きている。品質管理の再徹底が必要
5）中食・外食業界に恩恵	牛肉を含めたコスト削減は、外食企業、CVS、中食企業にもプラスとなる。外食、弁当、CVSは各社によって原料調達体制と方針が異なるので、きめ細かい対応が必要

6)北海道など農産地の消費にはマイナス	国内農業の生産額は7.1兆円から4.1兆円に減少し、兼業農家を中心に農家所得は約6000億円減少すると試算されている。北海道など農業県は消費が悪化へ。米穀類、肉類、家畜、乳製品などがマイナスの影響が大きい
7)強まるデフレ圧力	輸入関税は4.6%からの引き下げで、輸入物価が1.2ポイント低下へ。店頭での価格競争が再燃することもありえる
8)生産拠点の再編	TPP域内での各国の細則や運用を見ながら、生産拠点の最適な配置を確認していくことになろう
9)食品メーカーと小売との関係変化	小売のPB開発は、曲がり角を迎えており、食の安全と質を重視するSM、CVSなどもあり様々。原材料の安定調達と鮮度維持を含め、信頼確保のためコミュニケーションがより重要となる
10)海外市場への進出チャンス拡大	クールジャパン、日本食ブームは追い風である。食品輸出の倍増計画を受け、政府の支援政策は活用しやすい

出所：リンジーアドバイス

5-10

2015年末のアメリカの政策転換をどう読むか？

▼▼ 2016年から2017年に円高株安をもたらすが、調整に留まろう

２０１５年は10年後に振り返ると歴史の転換点になっているでしょう。アメリカによって9年半ぶりに金利が引き上げられました。40年ぶりに原油輸出解禁の発表もあったからです。これらの政策変化が世界と日本にもたらす影響は甚大です。

私が注目するのは、次のリーマンショック級のバブル崩壊がやってくるタイミングです。どうすればそれを予測できるのか。私は、世界の近現代史を金融経済の視点で研究しました。研究の結果、政策、為替、株式、原油、金利、そして投資家と消費者の心理を冷静に分析すれば少し読めるように感じています。例えば、２００６年時点で1～2年後にバブル崩壊が来ると思い、何人かの経営者に打ち明けました。２０１３年に2～3年内の1ドル１２0円、日経平均2万円の予測を、２０１５年11月時点では２０１６年の株安予測をそれぞれレポートで報告しています。

次のバブル崩壊にはまだ3～5年の時間的余裕がありそうです。２０１６年からの円高株安は一時的な調整になりそうです。調整後は、再び円安株高に戻ると考えています。

5-11 今後の経営環境はどうなっていくのか？

▼▼2020年を超えてチャンスが広がっている

2016〜2017年の一時的な調整後、私は再び日本経済が発展すると考えています。ドライバーは、長期円安とTPPです。大切なのでもう一度確認します。

TPPの意味は、経済規模で世界第1位の米国と第3位の日本の市場が一体化していくことです。他の参加国も含めれば、世界経済の40％を占める巨大な自由貿易圏ができます。強い企業はますます成長し、弱い企業は淘汰されていくでしょう。

アメリカは、世界の基軸通貨であるドルを使った機動的な金融政策を実行する能力を持っています。一時的に引き締めのやりすぎで金融危機が起こりそうですが、人口増とIT技術力に支えられて、10年単位で繁栄を続けると思われます。

TPPに参加しない新興国は困難に直面するでしょう。中国では、リーマンショック後の大規模な金融緩和の後遺症として、不良債権の問題が表面化すると思います。現状は人民元の信用力が維持されていますが、いずれ資本流出に伴い為替切り下げに追い込まれる可能性が考えられます。仮にそうなれば中国経済は大混乱に陥りかねません。

図表50 10年先の経営環境のポイント

1. TPPにより日本と米国の市場が一体化
2. 原油価格の上昇とアメリカ経済の繁栄
3. 中国経済の先行きは要注意
4. 再び金融危機に見舞われ社会混乱も
5. 日本経済は2020年半ばまで息の長い成長の可能性
6. 小売業には数十年に一度のチャンス

出所：リンジーアドバイス

ロシアは現在、原油価格の大幅な下落で経済的苦境にあります。欧米との政治対立が拍車をかけています。

欧州はEUを中心とする巨大市場をすでに形成していますが、ギリシャ危機で財政統合を欠いた通貨統合という矛盾が露呈しました。最近はシリア難民の流入拡大やフォルクスワーゲン問題などにも見舞われています。こちらも当面、停滞が続きそうです。

そう考えると、TPPの始動によって日本経済は、2020年の東京オリンピックまでといわず、息の長い成長を続ける可能性が高いでしょう。ポイントを図表50にまとめました。

小売業にとっては数十年に一度の大きなチャンスが到来しているといえます。

5-12 中堅企業はどう成長したらいい？

▼▼小回りが利く強みを生かして変化に対応する

こうした大きな環境変化は、大企業より中堅企業のほうが有利です。経営判断がスピーディーで、素早く対応できるからです。

例えば、食品スーパーのヤオコーは、大企業ながら変化対応力を高めています。ヤオコーは本部指示で全店が動くスタイルではありません。店長に大幅な権限を委譲し、現場の判断で動くスタイルを取り入れつつあります。また、売上のみならず、商品開発や店舗出店などあらゆる場面でデータの分析・活用ができる体制を整備しています。

中堅企業の強みは、強烈なエネルギーと成長意欲を持った社長のもと、意思決定が大胆で素早いことです。従業員の意思疎通が密であることも強みといえます。ここに指標とデータ活用を取り入れれば、素早く正確な環境対応が可能となります。

社長は、情報収集力を強化するために、外部の相談相手を強化すべきです。大企業はコーポレート・ガバナンス改革を受け、社外役員を強化しています。情報力の格差は致命的になるでしょう。

図表51 中堅企業が進むべき方向性

1	小回りを利かせ、素早く対応する
2	現場の判断で動くスタイルを取り入れる
3	簡単なデータの分析・活用を実践する
4	人材育成をひたすら続ける
5	社長の相談相手を強化する

出所：リンジーアドバイス

これからの5年、10年で新たな小売業の変化が起こるでしょう。過去に登場してきた小売業のフロントランナーは、いずれも元は中堅企業です。それがうまく時代の変化をとらえ、大きく飛躍したのです。

同じチャンスは現在の中堅企業にもあります。多くの中堅企業の挑戦と活躍を期待してやみません。

図表51に中堅企業が進むべき方向性をまとめました。参考になれば幸いです。

5-13

大手企業はどう成長したらいい？

▼▼豊富な経営資源を生かして新たなチャレンジを

大手企業にもチャンスがあります。中堅企業にはない豊富な経営資源を生かすことによって、チャンスを広げられます。

例えば、百貨店が参考になります。1-4で説明しましたが、百貨店は持続的成長性が高いのです。三越は三越呉服店として1904年に設立され、現在は三越伊勢丹グループとなりましたが100年以上の歴史があります。

過去100年において百貨店は、世界的な経済恐慌、何度かの大戦争、不動産バブル崩壊、そして消費不況など、経営環境の悪化にも見舞われています。こうした事業リスクと向き合いながら、百貨店は長期的な維持発展を遂げているのです。百貨店だけでなく、大手コングロマリットを含め、大手企業の大胆なチャレンジに期待したいです。

小売業ではこれまで、アメリカやヨーロッパの企業が新しいフォーマットを生み出すことが多かったです。しかし、セブン-イレブン・ジャパンやしまむらなど、日本企業にもすごみがあります。これからは「日本流」の小売業の底力を見せるときです。

図表52 大手企業が進むべき方向性

1. 社会変化への対応の遅れが最大のリスクと認識し、情報を集める
2. 組織の活性化と大胆なチャレンジに挑む
3. ITや金融技術を活用し、安定したサービス収入基盤をつくる
4. 20年後の社会を考え、将来の飯のタネを育てる
5. 幹部に修羅場を与え、能力を高める

出所：リンジーアドバイス

図表52に大手企業が進むべき方向性をまとめてみました。ベースになるのは、独自の企業理念、強い組織、具体的な取り組みの徹底などです。

一方で大手企業には課題があります。変化に対応するスピードの遅さです。

しかし、この課題は解決できます。本書が提案する「指標」を活用しての経営です。社長と、社長を支える幹部のみなさんが、指標を活用して持続的成長を実現することを願っています。

第6章

「指標」を理解するために基礎知識を学ぼう

6-1

幹部が知っておくべき財務の基礎知識とは？

▼▼「財務3表」の基礎的な理解が不可欠

小売企業の幹部には、株式や借入金などで調達した資金を、店舗設備などの資産に投資し、それを使って利益を出し、必ず現金を回収することが求められます。

この循環がうまくいって初めて、長期的な発展が実現できます。持続的な発展に向け何をすべきか、何をしては駄目か。客観的な財務分析に基づいて経営を把握し、戦略を練ることが必要です。それゆえ、財務戦略は経営の要といわれます。

本章では、「リンジー成長理論」の3つの指標のベースとなる、財務についての基本的な知識を分かりりやすく説明してみます。

具体的には、「財務3表」と呼ばれる、損益計算書（PL）、貸借対照表（BS）そしてキャッシュ・フロー計算書（CS）の3つを取り上げます。

企業活動は全体としてひとつであるのと同じように、財務3表も相互に結びついており、それぞれのつながりにおいて理解することが重要です（図表54）。

図表53 財務3表のまとめ

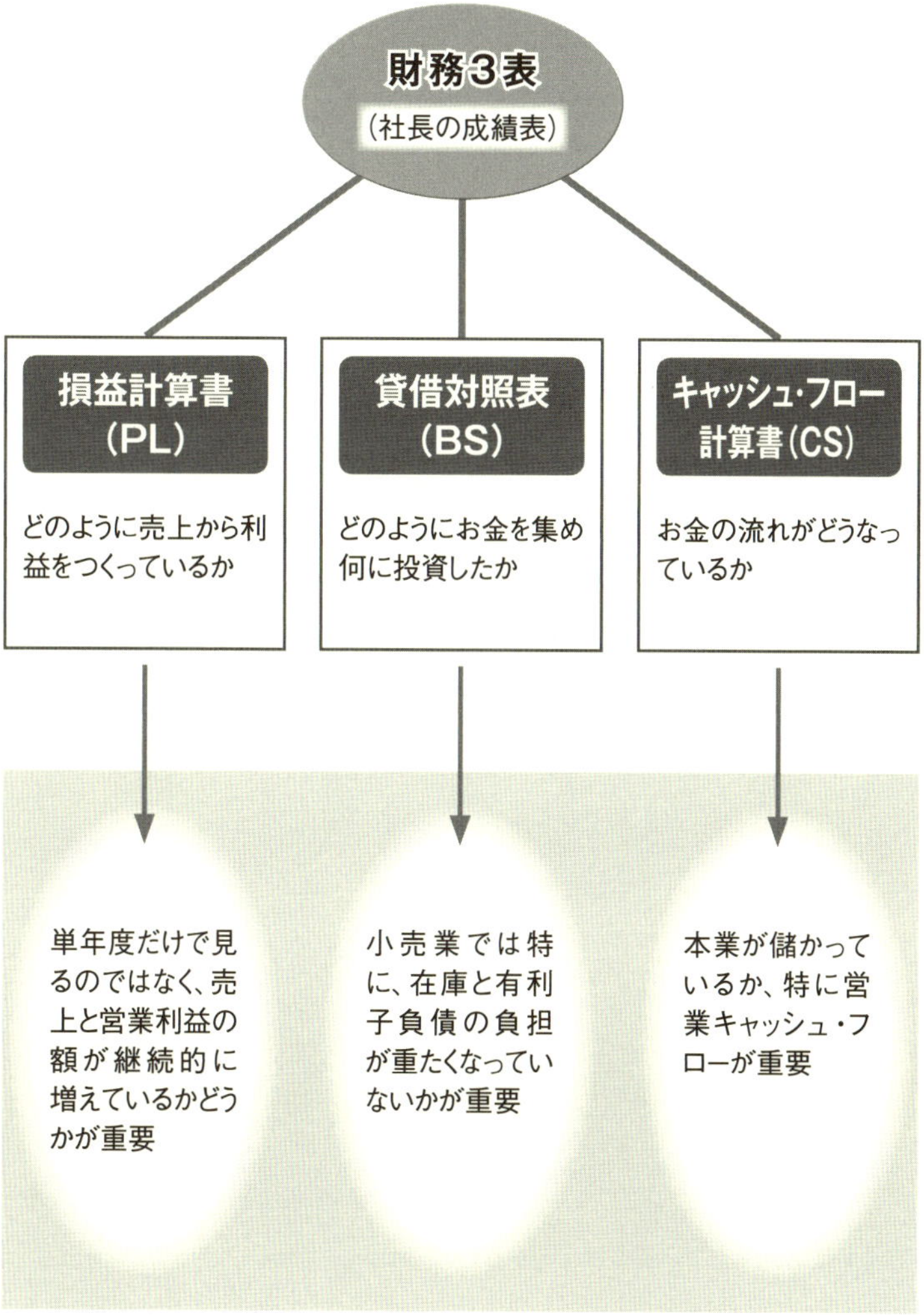
財務3表
(社長の成績表)
損益計算書(PL)
どのように売上から利益をつくっているか
貸借対照表(BS)
どのようにお金を集め何に投資したか
キャッシュ・フロー計算書(CS)
お金の流れがどうなっているか
単年度だけで見るのではなく、売上と営業利益の額が継続的に増えているかどうかが重要
小売業では特に、在庫と有利子負債の負担が重たくなっていないかが重要
本業が儲かっているか、特に営業キャッシュ・フローが重要

出所:リンジーアドバイス

図表54 企業活動と財務3表のつながり

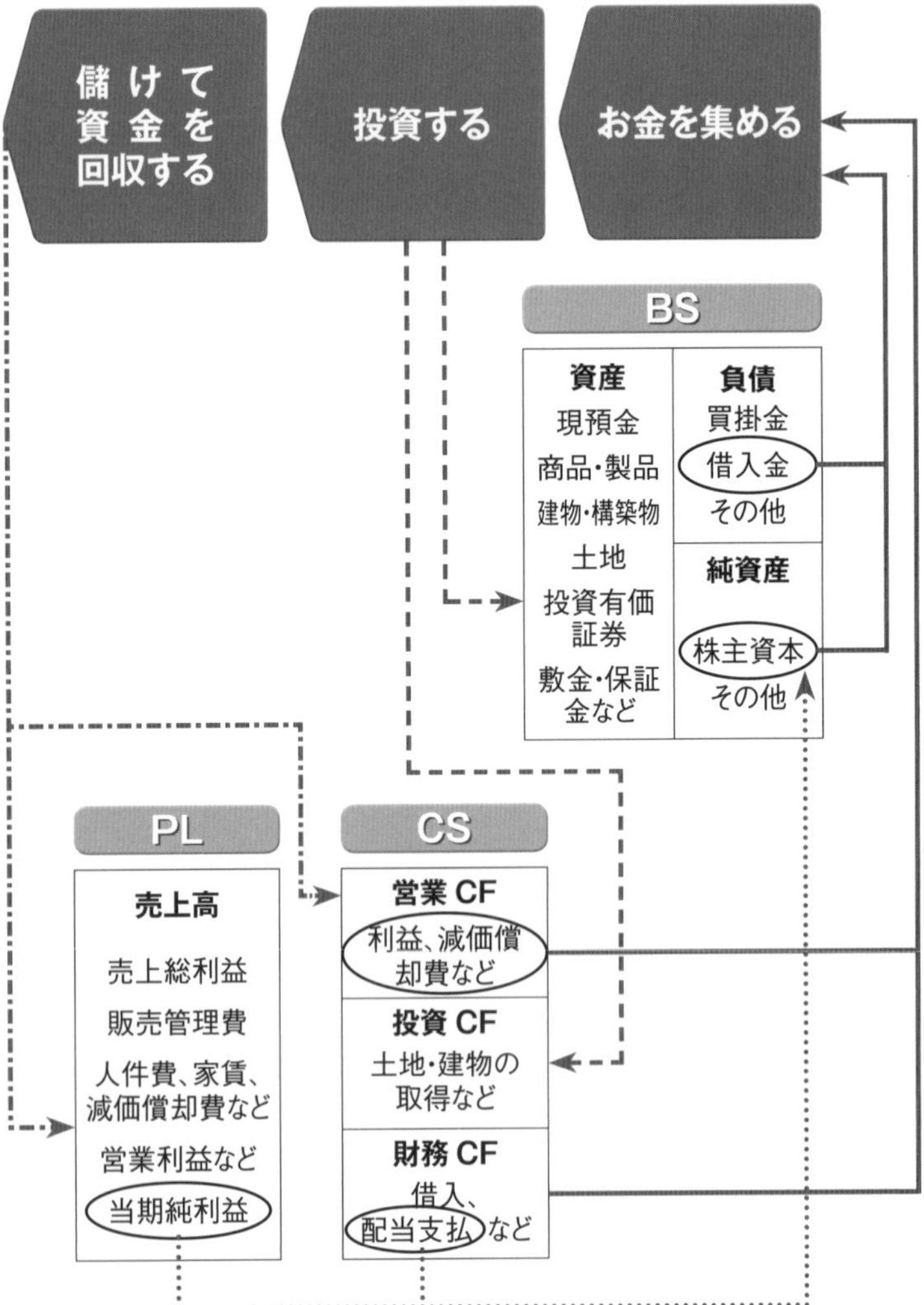

出所：國貞克則「財務3表一体分析法」を基に作成

6-2

損益計算書のどこを見ればいいのか？

▼▼ 売上と利益がどれくらい伸びているかがポイント

損益計算書（PL）は、どのように売上から利益を出しているのかを表します。

会社法の会社計算規則では、次の7項目に区分して表示することになっています。各項目はさらに細分化されることもあります。

①**売上高**（主な営業活動によって得た収益）
②**売上原価**（製品やサービスを生み出すために直接かかった経費）
③**販売費及び一般管理費**（営業活動にかかった費用のうち売上原価に含まれないもの）
④**営業外収益**（本業以外の受取利息、配当金など経常的な収益）
⑤**営業外費用**（営業外収益のためにかかった経費）
⑥**特別利益**（固定資産売却益など非経常的な収益）
⑦**特別損失**（災害損失など非経常的な損失）

なお、①から②と③を差し引いたものが「**営業利益（または営業損失）**」です。本業の稼ぐ力を示します。

営業利益（または営業損失）に④と⑤を加味したものが「**経常利益（または経常損失）**」です。財務活動などを加えた企業全体としての稼ぐ力を表します。

経常利益に⑥と⑦を加味したものが「**税引前当期純利益（または税引前当期純損失）**」となります。

さらに、「税引前当期純利益（または税引前当期純損失）」から法人税などの税金を差し引いたものが「**当期純利益（または当期純損失）**」となります。

ＰＬでは、売上と利益がどれくらい伸びているかがポイントです。しかし、実際には売上が伸びて利益が出ていても、資金繰りが行き詰まって倒産することがあります。いわゆる「黒字倒産」です。

損益計算書では、売上と営業利益が安定的に増えているかどうかがポイントです。もし、売上や利益が横ばいになったり、あるいは減少に転じたりしたら、経営のどこかに問題が発生しているシグナルです。すぐ原因を探り、対策を打たなければなりません。

図表55 損益計算書の例

（単位：百万円）

	当連結会計年度 （自 平成26年4月1日 至 平成27年3月31日）
売上高	212,611
売上原価	154,750
売上総利益	57,860
販売費及び一般管理費	
ポイント引当金繰入額	67
従業員給料	8,049
雑給	13,635
役員賞与引当金繰入額	229
賞与	1,565
賞与引当金繰入額	1,589
役員退職慰労引当金繰入額	3
退職給付費用	271
地代家賃	5,034
減価償却費	3,480
のれん償却額	9
貸倒引当金繰入額	3
その他	17,253
販売費及び一般管理費合計	51,195
営業利益	6,665
営業外収益	
受取利息	80
受取配当金	34
補助金収入	90
その他	90
営業外収益合計	295
営業外費用	
支払利息	156
その他	24
営業外費用合計	181
経常利益	6,780
特別利益	
固定資産売却益	6
特別利益合計	6
特別損失	
固定資産売却損	1
固定資産除却損	4
減損損失	717
特別損失合計	723
税金等調整前当期純利益	6,062
法人税、住民税及び事業税	2,735
法人税等調整額	30
法人税等合計	2,766
少数株主損益調整前当期純利益	3,296
当期純利益	3,296

※アクシアル リテイリング有価証券報告書

6-3 貸借対照表のどこを見ればいいのか？

▼▼在庫と有利子負債の負担が重くなっていないかがポイント

企業の持続的成長のためには、ＰＬだけでなくＢＳとＣＳの理解も欠かせません。

貸借対照表（ＢＳ）は、どのような資産に投資しており、そのための資金をどうやって集めてきたのかを表します。ＢＳは大きく左右に分かれた表です。左側（資産の部）と右側（負債の部と純資産の部）の合計が一致するようになっています。

図表56（資産の部）には、何に投資したのかが書いてあります。例えば、商品（在庫）、建物、土地などです。一方、図表57（負債の部と純資産の部）には、お金を集めた方法が書いてあります。例えば、仕入れ代金の支払いを先延ばしした「買掛金」、銀行からの「借入金」、利益の蓄積を含んだ「株主資本」などです。

経営をチェックする視点からは、「資産の部」の在庫負担が増えていないか、また「負債の部」の中で「有利子負債」の負担が増えていないかが重要です。損益計算書で売上や営業利益が増えていても、これらが悪化しているようなら業績の中身に問題がある可能性があります。

図表56 貸借対照表の例(I)

(単位:百万円)

	当連結会計年度 (平成27年3月31日)
資産の部	
流動資産	
現金及び預金	12,212
受取手形及び売掛金	1,070
リース投資資産	1,675
商品及び製品	4,615
仕掛品	10
原材料及び貯蔵品	266
未収還付法人税等	193
繰延税金資産	899
その他	3,381
貸倒引当金	△14
流動資産合計	24,311
固定資産	
有形固定資産	
建物及び構築物	59,425
減価償却累計額	△34,975
建物及び構築物(純額)	24,449
機械装置及び運搬具	2,809
減価償却累計額	△2,358
機械装置及び運搬具(純額)	451
土地	20.649
リース資産	6,943
減価償却累計額	△3,888
リース資産(純額)	3,055
建設仮勘定	781
その他	8,811
減価償却累計額	△6,778
その他(純額)	2,033
有形固定資産合計	51,420
無形固定資産	
のれん	33
リース資産	—
その他	1,534
無形固定資産合計	1,567
投資その他の資産	
投資有価証券	3,787
長期貸付金	30
繰延税金資産	2,022
敷金及び保証金	8,274
その他	1,175
貸倒引当金	△34
投資その他の資産合計	15,256
固定資産合計	68,245
資産合計	92.557

※アクシアル リテイリング有価証券報告書

図表57 貸借対照表の例(2)

（単位：百万円）

	当連結会計年度 （平成27年3月31日）
負債の部	
流動負債	
買掛金	13,392
短期借入金	−
1年内償還予定の社債	−
1年内返済予定の長期借入金	4,906
リース債務	525
未払法人税等	1,478
ポイント引当金	67
役員賞与引当金	229
賞与引当金	1,695
その他	6,947
流動負債合計	29,242
固定負債	
長期借入金	6,865
リース債務	3,887
資産除去債務	4,747
長期預り保証金	5,177
役員退職慰労引当金	30
退職給付に係る負債	404
その他	369
固定負債合計	21,481
負債合計	50,724
純資産の部	
株主資本	
資本金	3,159
資本剰余金	15,749
利益剰余金	21,259
自己株式	△55
株主資本合計	40,112
その他の包括利益累計額	
その他有価証券評価差額金	1,634
退職給付に係る調整累計額	84
その他の包括利益累計額合計	1,719
純資産合計	41,832
負債純資産合計	92,557

※アクシアル リテイリング有価証券報告書

6-4

キャッシュ・フロー計算書のどこを見ればいいのか？

▼▼会社全体としての資金繰りがついているかがポイント

キャッシュ・フロー計算書（CS）には、お金の流れがまとめてあります（図表58）。「営業活動によるキャッシュ・フロー」は、販売と仕入れなど営業活動がどうやって現金を生み出したのかを表します。「投資活動によるキャッシュ・フロー」は、何に投資したのかを表します。また、資産を売却したことも表されます。「財務活動によるキャッシュ・フロー」は、そのお金をどうやって集め、配当などを支払ったのかを表します。

特に重要なのは「営業キャッシュ・フロー」と「投資キャッシュ・フロー」の合計です。これを「フリーキャッシュ・フロー」と呼びます。その企業が本業のビジネスでどれだけのキャッシュを稼いでいるかの目安となります。また、フリーキャッシュ・フローがプラスであることは、企業の株式価値が増加することにつながるので、投資家は評価します。

図表58 キャッシュ・フロー計算書の例

（単位：百万円）

	当連結会計年度 （自　平成26年4月1日 至　平成27年3月31日）
営業活動によるキャッシュ・フロー	
税金等調整前当期純利益	6,062
減価償却費	3,644
減損損失	717
のれん償却額	9
貸倒引当金の増減額（△は減少）	2
ポイント引当金の増減額（△は減少）	9
役員賞与引当金の増減額（△は減少）	31
賞与引当金の増減額（△は減少）	292
役員退職慰労引当金の増減額（△は減少）	△0
退職給付に係る負債の増減額（△は減少）	△42
受取利息及び受取配当金	△114
支払利息	156
固定資産売却損益（△は益）	△5
固定資産除却損	4
売上債権の増減額（△は増加）	8
たな卸資産の増減額（△は増加）	△183
仕入債務の増減額（△は減少）	47
未払又は未収消費税等の増減額	1,317
リース投資資産の増減額（△は増加）	258
その他	142
小計	12,359
利息及び配当金の受取額	41
利息の支払額	△136
法人税等の支払額	△3,016
営業活動によるキャッシュ・フロー	9,247
投資活動によるキャッシュ・フロー	
定期預金の純増減額（△は増加）	△0
有形固定資産の取得による支出	△6,094
有形固定資産の売却による収入	27
無形固定資産の取得による支出	△183
投資有価証券の取得による支出	△35
貸付けによる支出	△9
貸付金の回収による収入	17
敷金及び保証金の純増減額（△は増加）	414
連結の範囲の変更を伴う子会社株式の取得による収入	−
その他	△25
投資活動によるキャッシュ・フロー	△5,888
財務活動によるキャッシュ・フロー	
短期借入金の純増減額（△は減少）	△520
長期借入れによる収入	5,300
長期借入金の返済による支出	△4,337
社債の償還による支出	△1,000
リース債務の返済による支出	△533
自己株式の取得による支出	△0
自己株式の処分による収入	0
配当金の支払額	△1,002
財務活動によるキャッシュ・フロー	△2,093
現金及び現金同等物の増減額（△は減少）	1,265
現金及び現金同等物の期首残高	10,944
現金及び現金同等物の期末残高	12,210

※アクシアル リテイリング有価証券報告書

6-5 財務指標の上手な読み解き方とは？

▼▼時系列に並べるとともに、同業他社と比較する

財務3表から様々な財務指標を読み解く方法は2つあります。会社の業績を数年分並べて時系列で比較する方法と、同業他社の数値と自社の数値を比較する方法です。

数年分のデータをグラフにしてみると、数値がトレンド的に改善しているか、悪化していても一時的なものかどうかなどが眼で見て分かります。トレンドは過去の戦略や計画の結果です。想定した効果が表れていない場合や想定外の変化が確認された場合には、戦略を再検討する必要があります。

次に、同業他社と自社の数値比較です。各指標にはそれぞれの企業の特徴が表れます。例えば、低価格重視のコストリーダーシップ戦略をとる場合、低い粗利でも成り立つ軽い経費構造と高い資産回転率が武器となります。生産性を構造的に改善し続ける覚悟が必要です。

しかし、コストリーダーシップ戦略は継続が難しいです。価格競争が激しく、付加価値のある商品を販売できないと粗利益率が下がり、売上高営業利益率も低下します。業態のブラッシュアップができないと、既存店舗の競争力が低下します。新店の販売が伸びないと、総

図表59 **財務指標の上手な読み解き方**

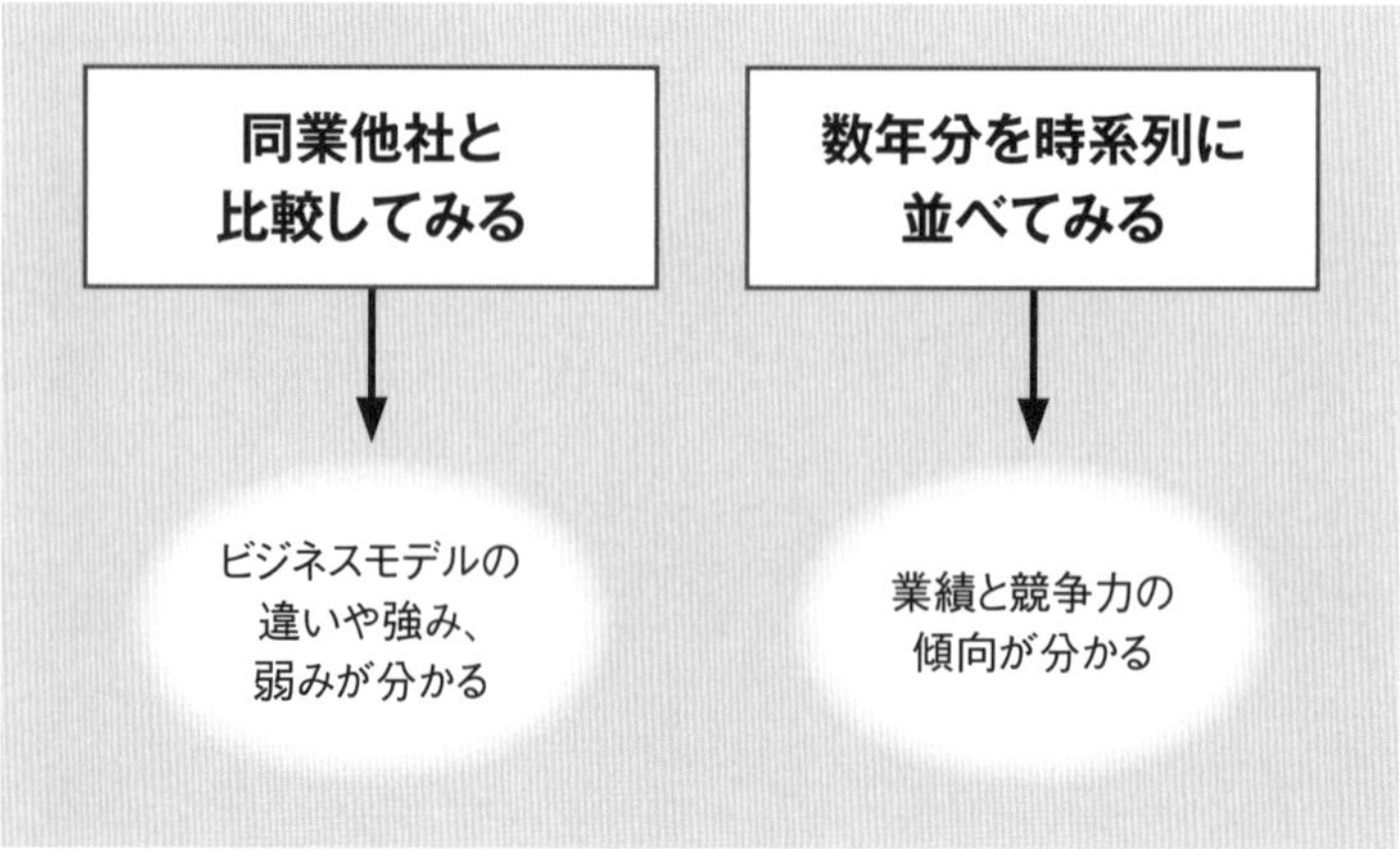

出所：リンジーアドバイス

資産回転率は低下します。

ＲＯＡは売上高利益率と総資産回転率の掛け算です。この２つが悪化するとＲＯＡは急速に悪化するので、油断はなりません。

なお、財務分析によって会社の問題点は指摘できますが、その原因と対策が明らかになるわけではありません。また、利益は金額が同じでも中身が違うことがあります。「利益の質」と呼ばれます。将来の収益力を維持するための経費を使わずに確保した利益、好ましくない会計処理に基づいた利益、ステークホルダーの過度な負担に基づいた利益などは、質の低い利益です。他にも、利益を実態より過大に、あるいは過少に見せる決算操作が行われる場合もあります。財務分析ではこうした点にも注意が必要です。

※本書の内容についてさらに詳しく知りたい方のため、参考文献の一部を紹介します。

青木茂男『四訂版　要説　経営分析』森山書店、2012。

浦上邦雄（著）吉野豊（解説）『相場サイクルの見分け方〈新装版〉』日本経済新聞出版社、2015。

岡本大輔　佐藤和彦　髙橋郁夫『ホームセンターニューマネジメント』アイリスオーヤマ、2003。

岡本大輔　古川靖洋　佐藤和　馬場杉夫『深化する日本の経営―社会・トップ・戦略・組織―』千倉書房、2012。

岡本大輔「企業評価基準としての社会性―20年後の再々検討・実証編―」『三田商学研究』2015年2月。

大西洋『三越伊勢丹　ブランド力の神髄』PHP研究所、2015。

小林二三夫・伊藤裕久（編著）『ようこそ小売業の世界へ―先人に学ぶ商いのこころ―』商業界、2015。

清水信次『いま伝えたい日本人の誇るべき真髄』経済界、2014。

塚澤健二『そして大恐慌が仕組まれる』ビジネス社、2012。

富田俊基『国債の歴史』東洋経済新報社、2006。

鳥居泰彦『回想　慶應義塾』慶應義塾大学出版会、2013。

横山清『アリの眼から見た経営論』財界さっぽろ、2014。

渡辺林治「小売企業の成長と内外部接合要因―百貨店と食品スーパーの実証研究を中心に―」慶應義塾大学、2011。

渡辺林治『流通企業の繁栄と戦略　環境変化・百貨店・スーパー』千倉書房、2013。

おわりに

本書では新しい成長戦略として、「リンジー成長理論」を提案しました。社長と幹部を中心とした業務フローに、現場・環境・業績を表す指標を取り入れ、丁寧にPDCAサイクルを回すものです。

おかげさまで、「リンジー成長理論」は国内外の企業で活用され、少しずつ成果が出ています。

筆者は2013年に、その後の日経平均株価2万円と1ドル120円の見方を示し、対応策をアドバイスしました。2014年から2015年にかけて、複数の企業が株高を利用して資金調達を行いました。為替の見方を活用した原材料の調達戦略で、収益改善に成功した企業が数社ありました。東京証券取引所から企業価値向上表彰優秀賞に選定された企業も現れました。運用成果につなげた企業もありました。

「リンジー成長理論」は開発途上です。みなさまからアドバイスを頂きながら、一緒になって磨きをかけていきたいと存じます。

筆者が大切にしている考えは、「三方よし」と「奴雁（どがん）」です。研究とアドバイスを通じて、社会と企業の両方が幸せになることを目指します。社会に金融市場を震源とする不測の事態が近づいてくる時、福澤諭吉の言葉である奴雁として、変化の予兆と対応策をお伝えしたいと思っています。

本書を上梓することができたのは、多くの方々の様々なご支援のお蔭です。心から感謝申し上げます。

まず学問的基礎は、慶應義塾大学とUCLAから授かりました。指導教授で元慶應義塾長の鳥居泰彦先生からは、経済発展理論の講義に加え、卒業後の今も厳しく温かくご指導いただいています。博士課程での指導教授、岡本大輔先生からは、企業評価論、CSR、そして統計データの扱い方などを教わりました。日本総合研究所経営研究部長の佐藤和彦氏は、岡本先生との御研究成果の一部転載を快諾してくれました。国際金融論の講義は教授の深尾光洋先生から頂きました。留学先のUCLAでは、教授のウイリアム・コックラム先生に財務経営分析を学びました。

つぎに職業人としての基礎は、野村総合研究所と英国機関投資家のシュローダー投資投信顧問で教わりました。野村総研では多くの方にお世話になりました。なかでも留学先のUCLAに推薦状を書いてくださった元副社長の故徳山二郎氏に感謝申し上げます。シュローダーでは200年の伝統がある運用方法を教わりました。元社長である工藤雄二氏のお蔭です。

流通経営者では、本書タイトルを決めて下さったアスクル社長の岩田彰一郎氏と、有価証券報告書を使用させて下さったアクシアル リテイリング社長の原和彦氏をはじめ、アークス社長の横山清氏、魚力前会長の山田勝弘氏、しまむら相談役の藤原秀次郎氏、自重堂社長の出原正信氏、髙島屋会長の鈴木弘治氏、日本小売業協会前専務理事の故岡部義裕氏、松屋社長の秋田正紀氏、三越伊勢丹ホールディングス会長の石塚邦雄氏と社長の大西洋氏、ワールド会長の寺井秀藏氏などに大変お世話になりました（社名五十音順）。

コーポレート・ガバナンスと企業の在り方については、一柳アソシエイツ社長の一柳良雄氏、イマジニア会長の神藏孝之氏、金融庁総務企画局企画課長の松尾元信氏、そして日本取引所グループ前社長の斉藤惇氏に特にお世話になりました（同順）。重ねて深謝申し上げます。

また、連載の機会をいただいている「ダイヤモンド・チェーンストア」と「月刊ストアーズレポート」の関係者の皆様にもお礼申し上げます。

一方で、ご指導を頂いておりながら無礼な態度をとってしまったこと、筆を慎むべきなのに思慮が足らなかったことも深くお詫び申し上げます。

今後も感謝の念を忘れず、研究とアドバイスを続け、社会が穏やかで明るいものになるよう、そして希望である次の世代に渡せるよう、精進を続けたいと存じます。

最後に、誕生日を迎えた叔父 青山東洋彦に本書を贈ります。

2016年1月3日

ふるさと東北の穏やかな暮らしを祈りながら　渡辺林治

[著者]
渡辺林治（わたなべ・りんじ）
リンジーアドバイス株式会社　代表取締役社長
宮城県出身。慶應義塾大学経済学部卒。MBA（UCLAアンダーソン）、慶應義塾大学博士（商学）。野村総合研究所とシュローダー投信投資顧問を経て、為替レートと株式市場の見方を企業の業績改善に活用する手法を開発し、2009年リンジーアドバイス株式会社を設立。国内外の企業に対して、企業価値向上につながる経営財務戦略の支援、IRの助言、長期視点での投資顧問を行っている。また、日本小売業協会・倫理教育委員会のコーディネーターとして、コーポレートガバナンス・コードへの対応を含めた「2020年に向けた経営戦略」を共同研究している。
一柳アソシエイツ社レジスタード・パートナー。
主な著作：
「小売企業の成長と内外部接合要因―百貨店と食品スーパーの実証研究を中心に―」慶應義塾大学（2011年）
『流通企業の繁栄と戦略　環境変化・百貨店・スーパー』千倉書房（2013年）
現在、「ダイヤモンド・チェーンストア」（ダイヤモンド・フリードマン社）、および「月刊ストアーズレポート」（ストアーズ社）にて連載記事を執筆中。

連絡先：rinjiadvice@yahoo.co.jp

この指標がわからなければ幹部になってはいけません
2020年に向けて、流通企業の環境変化と新しい成長理論

2016年2月4日　第1刷発行

著　者――渡辺 林治
発　売――ダイヤモンド社
〒150-8409　東京都渋谷区神宮前6-12-17
http://www.diamond.co.jp/
販売　TEL03･5778･7240
発行所――ダイヤモンド・フリードマン社
〒101-0051　東京都千代田区神田神保町1-6-1
http://www.dfonline.jp/
編集　TEL03･5259･5940
装丁――――荒井雅美
印刷・製本―ダイヤモンド・グラフィック社
編集協力――古井一匡
編集担当――石川純一

ISBN 978-4-478-09046-6